中國文化二十四品

選堂

中國文化二十四品

●顧問
饒宗頤　葉嘉瑩

●主編
陳洪——南開大學教授
徐興無——南京大學教授

中華書局

中國文化的精神

君子之學

養成聖賢的教育傳統

閆廣芬 著

編委會名單

出版說明

文化自覺與文化自信

今年是中華書局（香港）有限公司在香港不間斷經營的九十周年。在近百年的發展歷程中，香港中華書局始終秉承「弘揚中華文化，普及民智教育」的創局宗旨，編輯出版了文學、歷史、哲學等各類優質圖書，為弘揚中國優秀的傳統文化而不懈努力，在香港及海外其他華人社區形成了廣泛的文化影響力。

二〇一二年，為慶祝中華書局成立一百周年，香港中華書局發揮其優勢和特點，組成了以海外學者為主體的編委會及作者團隊，從更具時代特點、更廣闊的文化視野出發，運用新思維、新形式，自主策劃了規模達五十冊之巨的「新視野中華經典文庫」，對中國五十五種國學經典進行了全新的闡釋和解讀。這套旨在弘揚中華優秀傳統文化、為古代經典與現代生活架起溝通橋樑的大型學術文庫，歷時五年，於二〇一七年全部出齊，在海外讀者尤其是青年讀者中深受歡迎。

饒宗頤教授曾說過，「二十一世紀是重新整理古籍和有選擇地重拾傳統道德與文化的時代。」大家也都相信，二十一世紀是中國踏上「文藝復興」的新時代，中華文明再次展露了興盛的端倪。中華書局作為一家有着百年傳承的文化出版機構，則更應順應時代的呼喚，立足中國傳統文化的根基，研究中國傳統文化的當代需求，大力弘揚和傳播那些超越時空、成為人類共同需求的中國傳統文化中的優秀基因。基於此，本局傾力引進這「中國文化二十四品」系列叢書，以期為海外讀者理解傳統文化的新發展與新出路，提供一種新的視角和閱讀體驗。

這套叢書由饒宗頤教授和葉嘉瑩教授擔任顧問，南開大學陳洪教授、南京大學徐興無教授主編，作者來自北京大學、中國人民大學、復旦大學、南京大學、南開大學、香港浸會大學等十多所知名高校。與「新視野中華經典文庫」不同，「中國文化二十四品」旨在向讀者介紹中國文化的發展歷程、特徵等，全面、系統地闡述了中國古代哲學、傳統宗教、倫理道德、科學技術、古典文學、傳統藝術、史學等內容，深入淺出地勾畫出中國傳統文化的歷史淵源、發展脈絡，全面展示了中華優秀傳統文化在物質、制度、精神、發展四個層面的主要內容。

傳承文化，責任綦重。費孝通先生曾說：「文化自覺是當今時代的要求，它指的是生活在一定文化中的人對其文化有自知之明，並對其發展歷程和未來有充分的認識。」本局出版「中國文化二十四品」繁體版，是為海外想要了解中國文化基本知識的讀者服務的，也可以說是一種文化通識教育。對於當代每一個中國人來說，閱讀此書，正可以從文化自覺出發，通過不斷深入的學習、思考，進而理解以及批判地接受自己的文化傳統，從而樹立文化自信。希望這套製作精美的叢書能為香港以及海外華文讀者提供內容豐富、優美雅致的閱讀體驗。我們願意和廣大讀者一起為中華優秀傳統文化的復興與創新而不斷努力。

中華書局（香港）有限公司
編輯部

總序

我們生活在文化之中，「文化」兩個字是掛在嘴邊上的詞語，可是真要讓我們說清楚文化是什麼，可能就會含糊其詞、吞吞吐吐了。這不怪我們，據說學術界也有一百六十多種關於文化的定義。定義多，不意味着人們的思想混亂，而是文化的內涵太豐富，一言難盡。一八七一年，英國文化人類學家愛德華．泰勒的《原始文化》中給出了一個定義：「文化，或文明，就其廣泛的民族學意義上來說，是包含全部的知識、信仰、藝術、道德、法律、風俗，以及作為社會成員的人所掌握和接受的任何其他的才能和習慣的複合體。」[1]其實，所謂「文化」，是相對於所謂「自然」而言的，在中國古代的觀念裏，自然屬於「天」，文化屬於「人」，只要是人類的活動及其成果，

1 〔英〕愛德華．泰勒：《原始文化》，連樹聲譯，謝繼勝、尹虎彬、姜德順校，廣西師範大學出版社，二〇〇五年，第一頁。

都可以歸結為文化。孔子說：「飲食男女，人之大欲存焉。」[1]在這種自然慾望的驅動下，人類的活動與創造不外乎兩類：生產與生殖；目標只有兩個：生存與發展。但是人的生殖與生產不再是自然意義上的物種延續與食物攝取，人類生產出物質財富與精神財富，不再靠天吃飯，人不僅傳遞、交換基因和大自然賦予的本能，還傳承、交流文化知識、智慧、情感與信仰，於是人種的繁殖與延續也成了文化的延續。

所以，文化根源於人類的創造能力，文化使人類擺脫了自然，創造出一個屬於自己的世界，讓自己如魚得水一樣地生活於其中，每一個生長在人群中的人都是有文化的人，並且憑藉我們的文化與自然界進行交換，利用自然、改變自然。

由於文化存在於永不停息的人類活動之中，所以人類的文化是豐富多彩、不斷變化的。不同的文化有不同的方向、不同的特質、不同的形式。因為有這些差異，有的文化衰落了甚至消失了，有的文化自我更新了，人們甚至認為：「文化」這個術語與其說是名詞，不如說是動詞。[2]本世紀初聯合國發佈的《世界文化報告》中說，隨着全球化的進程和信息技術的革命，「文化再也不是以前人們所認為的是個靜止不變的、封閉的、固定的集裝箱。文化實際上變成了通過媒體和國際互聯網在全球進行交流的跨越分界的創造。我們現在必須把文化看作一個過程，而不是一個已經完成的產品」[3]。

知道文化是什麼之後，還要了解一下文化觀，也就是人們對文化的認識與態度。文化觀首先要回答下面的問題：我們的文化是從哪裏來的？不同的民族、宗教、文化共同體中的人們的看法異彩紛呈，但自古以來，人類有一個共同的信仰，那就是：文化不是我們這些平凡的人創造的。

有的認為是神賜予的，比如古希臘神話中，神的後裔普羅米修斯不僅造了人，而且教會人類認識天文地理、製造舟車、掌握文字，還給人類盜來了文明的火種。代表希伯來文化的《舊約》中，上帝用了一個星期創造世界，在第六天按照自己的樣子創造了人類，並教會人們獲得食物的方法，賦予人類管理世界的文化使命。

有的認為是聖人創造的，這方面，中國古代文化堪稱代表：火是燧人氏發現的，八卦是伏羲畫的，舟車是黃帝造的，文字是倉頡造的……不過聖人創造文化不是憑空想出來的，而是受到天地萬物和自我身體的啟示，中國古老的《易經》裏說古代聖人造物的方法是：「仰則觀象於天，俯

1 《禮記．禮運》。

2 參見〔荷蘭〕C．A．馮．皮爾森：《文化戰略》，劉利圭等譯，中國社會科學出版社，一九九二年，第二頁。

3 聯合國教科文組織編：《世界文化報告——文化的多樣性、衝突與多元共存》，關世傑等譯，北京大學出版社，二〇〇二年，第九頁。

則觀法於地，觀鳥獸之文與地之宜，近取諸身，遠取諸物。」《易經》最早給出了中國的「文化」和「文明」的定義：「剛柔交錯，天文也。文明以止，人文也。觀乎天文，以察時變；觀乎人文，以化成天下。」文指文采、紋理，引申為文飾與秩序。因為有剛、柔兩種力量的交會作用，宇宙擺脫了混沌無序，於是有了天文。天文煥發出的光明被人類效法取用，於是擺脫了野蠻，有了人文。聖人通過觀察天文，預知自然的變化；通過觀察人文，教化人類社會。《易經》還告訴我們：「一陰一陽之謂道，繼之者善也，成之者性也。仁者見之謂之仁，知者見之謂之知。」宇宙自然中存在、運行着「道」，其中包含着陰陽兩種動力，它們就像男人和女人生育子女一樣不斷化生着萬事萬物，賦予事物種種本性，只有聖人、君子們才能受到「道」的啟發，從中見仁見智，這種覺悟和意識相當於我們現代文化學理論中所謂的「文化自覺」。

為什麼聖人能夠這樣呢？因為我們這些平凡的百姓不具備「文化自覺」的意識，身在道中卻不知道。所以《易經》感慨道：「百姓日用而不知，故君子之道鮮矣。」什麼是「君子之道鮮」？「鮮」就是少，指的是文化不昌明，因此必須等待聖人來啟蒙教化百姓。中國文化中的文化使命是由聖賢來承擔的，所以孟子說，上天生育人民，讓其中的「先知覺後知」「先覺覺後覺」[1]。

無論文化是神靈賜予的還是聖人創造的，都是崇高神聖的，因此每個文化共同體的人們都會認同、讚美自己的文化，以自己的文化價值觀看待自然、社會和自我，調節個人心靈與環境的關係，養成和諧的行為方式。

中國現在正處在一個喜歡談論文化的時代。平民百姓關注茶文化、酒文化、美食文化、養生文化，說明我們希望為平凡的日常生活尋找一些價值與意義。社會、國家關注政治文化、道德文化、風俗文化、傳統文化、文化傳承與創新，提倡發揚優秀的傳統文化，說明我們希望為國家和民族尋求精神力量與發展方向。神和聖人統治、教化天下的時代已經成為歷史，只有我們這些平凡的百姓都有了「文化自覺」，認識到我們每個人都是文化的繼承者和創造者，整個社會和國家才能擁有「文化自信」。

不過，我們愈是在擺脫「百姓日用而不知」的「文化蒙昧」時代，就愈是要反思我們的「文化自覺」，因為「文化自覺」是很難達到的境界。喜歡談論文化，懂點文化，或者有了「文化意識」就能有「文化自覺」嗎？答案是否定的。比如我們常常表現出「文化自大」或者「文化自卑」兩種文化意識，為什麼會這樣呢？因為我們不可能生活在單一不變的文化之中，從古到今，中國文化不斷地與其他文化邂逅、對話、衝突、融合；我們生活在其中的中國文化不僅不再是古代的文

1 《孟子．萬章》。

化，而且不停地在變革着。此時我們或者會受到自身文化的局限，或者會受到其他文化的左右，產生錯誤的文化意識。子在川上曰：「逝者如斯夫。」流水如此，文化也如此。對於中國文化的主流和脈絡，我們不僅要有「春江水暖鴨先知」一般的親切體會和細微察覺，還要像孔子那樣站在岸上觀察，用人類歷史長河的時間座標和全球多元文化的空間座標定位中國文化，才能獲得超越的眼光和客觀真實的知識，增強與其他文化交流、借鑒、融合的能力，增強變革、創新自己的文化的能力，這也叫做「文化自主」的能力。中國當代社會人類學家費孝通先生說：

「文化自覺」是當今時代的要求，它指的是生活在一定文化中的人對其文化有自知之明，並對其發展歷程和未來有充分的認識。也許可以說，文化自覺就是在全球範圍內提倡「和而不同」的文化觀的一種具體體現。希望中國文化在對全球化潮流的回應中能夠繼往開來，大有作為。[1]

因為要具備「文化自覺」的意識、樹立「文化自信」的心態、增強「文化自主」的能力，所以，我們這些平凡的百姓需要不斷地了解自己的文化，進而了解他人的文化。

中國文化是我們自己的文化，它博大精深，但也不是不得其門而入。為此，我們這些學人們集合到一起，共同編寫了這套有關中國文化的通識叢書，向讀者介紹中國文化的發展歷程、特徵、物質成就、制度文明和精神文明等主要知識，在介紹的同時，幫助讀者選讀一些有關中國文化的經典資料。在這裏我們特別感謝饒宗頤和葉嘉瑩兩位大師前輩的指導與支持，他們還擔任了本叢書的顧問。

中國文化崇尚「天人合一」，中國人寫書也有「究天人之際，通古今之變」的理想，甚至將書中的內容按照宇宙的秩序羅列，比如中國古代的《周禮》設計國家制度，按照時空秩序分為「天地春夏秋冬」六大官僚系統；呂不韋編寫《呂氏春秋》，按照一年十二月為序，編為《十二紀》；唐代司空圖寫作《詩品》品評中國的詩歌風格，又稱《二十四詩品》，因為一年有二十四個節氣。我們這套叢書，雖不能窮盡中國文化的內容，但希望能體現中國文化的趣味，於是借用了「二十四品」的雅號，奉獻一組中國文化的小品，相信讀者一定能夠以小知大，由淺入深，如古人所說：「嘗一臠肉，而知一鑊之味，一鼎之調。」

陳洪、徐興無

1 費孝通：〈經濟全球化和中國「三級兩跳」中的文化思考〉，《光明日報》，二〇〇〇年十一月七日。

目錄

瑰麗多姿的教學思想

成人之道：道德教育的原則與方法

緒言

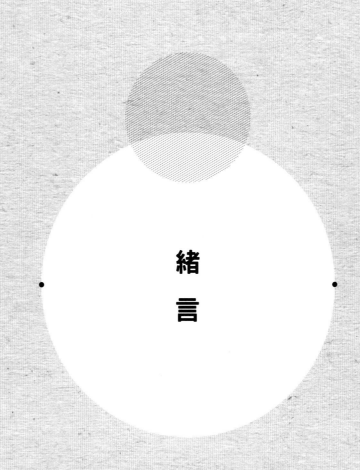

引言

中國向來重視教育。幾乎所有有建樹的哲學家都是教育家，都熱衷於各種形式的講學和教育活動。透過其豐富的教育思想與實踐活動，我們可以看到許多跨越時代的關於教育的真知灼見。如果我們用「教育應該培養怎樣的人以及如何培養人」來對中國豐富的教育思想與實踐做一梳理的話，有一個繞不過的詞語——「君子」。可以說，「君子」是對中國傳統教育目標最具代表性和概括性的表述。如何成為君子，本書以「君子之學」概言之。欲闡明何謂「君子」，就不得不先從儒家學派說起。

一條主線

當代著名哲學家張岱年曾明確指出：「儒家哲學是教育家的哲學。」也就是說，儒家學者是從教育家的立場、觀點來思考哲學問題的。何謂教育家？簡言之，是指這些學者既有豐富和影響廣泛的教育實踐活動，又有基於教育實踐基礎之上的獨到的教育思想、觀點。從這個角度來說，儒家哲學思想的形成與發展離不開儒家學者豐富的教育實踐活動，其哲學思想與教育思想是融合在一起的。范文瀾則認為儒家教育思想作為中國傳統教育思想的核心內容，理應是中國教育史的一條主線。儒家學派為什麼會以教育為中心來建立自己的思想體系，以教育作為立國、救世的根本？我們可以通過「儒」的起源和「儒」的職能來解釋這一文化之謎。

「儒家」是先秦時期孔子創立的學派。但孔子本人並未以「儒」自居。「儒」與「儒家」的概念既有區別又有聯繫，「儒」是人的一種身份或職業，儒家學派既然以「儒」命名，它和「儒」又有着必然的發展上的聯繫。儒家產生於「儒」，弄清了「儒」的起源，也就能使我們初步揭開儒學為什麼以教育為中心的思想根源。

「儒」的起源，歷來為史家所重視。關於「儒」的最初含義，以漢代許慎《說文解字》的解釋最有代表性。他說：「儒，柔也，術士之稱。」可見「儒」本是掌握某些專門技藝以謀生計的人，其成分很複雜。《韓非子．內儲說下》：「齊使老儒掘藥於馬黎之山。」可見醫生也是儒的一種。不過，儒的最重要的成分還是指從事教育的職官。據班固所著《漢書．藝文志》的解釋：儒家流派，大概最早出於司徒之官，司徒是古代一個重要的官職。他們輔助國君，順應自然，明揚教化。涵泳於六經文章之中，尤其注意仁義之事，遠宗堯舜的道統，近守周文王、武王的禮法，尊崇孔子為師表，以此來強調他們言論的重要性，並且在各派道術當中最為崇高。儒家之所以重視教育，就在於所謂「司徒之官」是西周社會主要從事教化的官職。大司徒從事教化的內容，是六德、六行、六藝合成的「鄉三物」：「以鄉三物教萬民，而賓興之：一曰六德，知、仁、聖、義、忠、和；二曰六行，孝、友、睦、姻、任、恤；三曰六藝，禮、樂、射、御、書、數。」（《周禮．地官．大司徒》）十分明顯，儒家的教育思想、教學內容，均可在大司徒之職的規定中看到，由此可以看出儒家及儒學與司徒之職的淵源關係。

不僅如此，《周禮》中還有「師儒」的記載，進一步反映「儒」與教育職官的關係。《周禮．天官．大宰》中記載的「九兩」，就出現了「師」和「儒」的劃分。「九兩」是指諸侯聯繫萬民、不使其離散的九項政治措施。「以九兩繫邦國之民：一曰牧，以地得民；二曰長，以貴得民；三曰師，以賢得民；四曰儒，以道得民；五曰宗，以族得民；六曰主，以利得民；七曰吏，以治得民；八曰友，以任得民；九曰藪，以富得民。」鄭玄注：「兩，猶耦也。所以協耦萬民」……，「師，諸侯師氏，有德行以教民者。儒，諸侯保氏，有六藝以教民者。」（《五經正義·周禮正義》）可見，《周禮》所說的「師」「儒」均是西周時期從事教育的官職。由此可以說，儒家重視教育是有歷史根源的。儒家教育的基本理念與教學內容均可以在《周官》師儒之職的記載中找到根據。師儒一方面是朝廷的官員，另一方面又是西周的專職從事教育的人員，這種政教一體的思想，也是儒家教育的基本理念。儒者強調「建國君民，教學為先」。

在春秋戰國時期，儒學是顯學，但它畢竟只是諸子百家中的一家而已。儘管孔子、孟子等儒家大哲均有經世之志，希望以仁道思想為指導而從事經邦濟世的政治事業，但當時卻不能將儒家思想付諸實施，所以，儒家的社會功能並不十分明顯。西漢以後，儒學的地位發生了顯著變化，董仲舒發揮了孔子的思想，提出「教，政之本也；獄，政之末也」（《春秋繁露·精華》），主張道德教育是「為政之首」。進而，他把儒家的倫理規範概括為「三綱五常」。「三綱」即：君為臣綱，父為子綱，夫為妻綱；「五常」：仁、義、禮、智、信。漢武帝採納董仲舒的對策建議，提出「罷黜百家，獨尊儒術」。之後，儒學日益成為歷代朝廷均要推崇的官學，並成為佔統治地位的意識形態。這時，儒學的社會功能顯得日益重要和突出，儒學不僅僅只是一門學術，而更是一種影響到其他諸如宗教、文藝、科技、教育等領域的觀念文化形態，同時也衍生成一套國家的政治法律制度和家族制度。儒學已經成為古代中國人自覺或不自覺的思想意識，對整個社會的各個層面，諸如帝王、士人、軍伍、農民、商賈均產生深刻影響，進而成為中華民族共同的心理和習性。

儒學為什麼能夠成為支配、指導中國古代社會生活及個人行為的主導思想文化，發揮這麼大的歷史作用？一方面，這和那些掌握、傳播儒學的儒士密切相關，同時也與儒家教育鮮明的人文特色有關。儒士是什麼人呢？當然他們首先是儒學的掌握者，是飽讀儒家經典，對儒學有一定程度的思考與研究，對儒家的道德義理有內在的體認和踐履，並在生活中充當「師」的角色。儒士的教育活動包括宮廷教育、學校教育和社會教育。教育對象是君主、王公士大夫以及廣大百姓，儒士們通過對這些不同的對象展開教育，從而實現着儒學的社會功能。

儒學的成就不僅僅體現於教育領域，還體現在儒家教育具有鮮明的人文主義特色，崇尚人文教育，倡導「觀乎人文以化成天下」。梁漱溟對中西教育傳統進行過比較。他在〈東西人的教育之不同〉一文中說：從學習的內容來看，西方人學習的是知識，而中國人學習的則是君子之道。中國教育重在情意方面，而西方教育重於「知」的方面。中西教育的不同究其根源其實是中西文化的不同。西方人注重遵循知識的邏輯，而中國人更注重遵從個體的經驗、意見、心思和手腕，其實根本所在就是西方人關注的是生活的工具而中國人關注的則是生活本身。

所以，儒家的「觀乎人文」，是以道德義理為主的人文文化。儒家學者首先將對統治者的道德教育放在首位。中國古代的教育目的、教育機構、教學內容，皆是圍繞着道德教育而展開的。西漢以後，儒家經典成為各級各類學校的基本教材，這種現象一直延續到清末。儒家經典之所以受到歷代統治者的重視，就因為它詳盡地載錄了維護中國傳統倫理的各種理論、規範、修養方法等。這一點，朱熹在《白鹿洞書院教條》中說得很清楚，「熹竊觀古昔聖賢所以教人為學之意，莫非使之講明義理，以修其身，然後推己及人」，成為一個合乎倫理要求的統治者。對統治者的道德教育要達到什麼目標，必須經過哪些步驟？對此，《四書》之一的《大學》有明確規定。所謂「大學」，朱熹解釋說：「大學者，大人之學也。」朱熹認為該書所載的是關於從事國家政治的大人君子的學問。《大學》開篇所列的三綱領，即是對統治者或將成為統治者的士子們進行道德教育所要達到的目標：「大學之道，在明明德，在親民，在止於至善。」如何才能達到這個目標？《大學》提出了八個步驟，即格物、致知、誠意、正心、修身、齊家、治國、平天下。這便把道德教育和社會政治連成了一個有機整體，並把個體的道德教育、道德修養置之於決定天下國家政治的主導地位。

什麼是「君子」

君子，是中國人公認的道德完善、品德高尚的人。「君子」一詞形成久遠、內涵鴻富、博大精深，深深地融入到了中國文化之中，也深刻地影響了中國人的性格和思想，成為中國人理想的人格，「中國人最獨特的文化標識」，這也就注定「中華民族是要做君子的民族」（余秋雨語）。所謂君子之學，簡言之就是如何學做君子。「女為君子儒，無為小人儒。」（《論語．雍也》）這是孔子的一句名言，它深深影響了中國傳統教育文化幾千年，規定着中國教育的目的、內容、制度、方法。可以說，不明瞭「君子」的含義，便不能理解中國教育文化傳統。

關於「君子」的含義，歷來解說紛紜。梁啟超在一九一四年清華大學的演說中說：「君子二字其意甚廣，欲為之詮注，頗難得其確解。」綜合來看，起初人們關於「君子」的理解，應是指掌握統治權力的人，或處於管理地位的人，引申可指地位高的人。《禮記．玉藻》云：「古之君子必配玉……君子無故，玉不去身。」而庶民百姓是佩不起玉的。故王力先生指出：「最初君子是貴族統治階級的通稱。」考察先秦典籍，所謂「君子」，大多是指有位者，即今天我們所說「當官的」。《論語》中被孔子直接稱呼為「君子」的，其中：蘧伯玉為衛國大夫；南宮適是魯國三桓之一的孟氏傳人；宓子賤也官至「單父宰」；還有季康子，雖然他品行很差，但孔子與他談話時，還是依然稱呼他為「君子」。這說明在春秋戰國以前的時代，「君子」的主要含義是權力、身份、地位的標誌，並不完全以道德為標尺。如果是普通百姓，即使道德再高尚，也不會被稱為「君子」的。根據古代宗法制度要求，國君之子（嫡長子）從小就要進行理想和人格的規範教育，所以自然成為個人修養上的楷模。後來，君子一詞便引申為所有道德、學問修養極高之「地位高」「人格高尚」「尊敬」「權貴」之人。也就是說，這一類的人，不僅僅局限於出身的高貴，還要本身具有高尚的人格。總之，在中華文化發軔之初，「君子」是人們對於為官者的稱謂，其中所蘊含的道德要求，是全社會成員對於權力階層所抱持的理想期待。以後隨着政治經濟文化的發展，「君子」概念逐漸脫離了權力意義，成為普通民眾的人格嚮往，形成中華民族的集體人格規範。下面以兩個孔子眼中的「君子」為例，說明到底何為君子。

《論語．憲問》有一段記載南宮適向孔子請教有關治國理政的一段話。有趣的是，當時南宮適並沒有直截了當地發問，而是僅僅敍述了幾個大家熟知的歷史掌故：神箭手羿和大力神奡，勇武超人，戰功卓著，但他們沒得好死，下場悲慘。神射手羿是有窮國的國君，他滅夏篡位，被義子寒浞所殺；大力神奡是寒浞之子，寒浞弒羿篡夏，其政權得來不義，其子奡雖力大無比，終不能挽救其敗亡之命運，父子均被夏的後人少康所殺。而修水利勤勉治水的大禹和教民稼穡大力發展農業的后稷卻得了天下，最終成為聖者。南宮適話說到這就打住了，孔子聽後以沉默作為回應。等到南宮適走後，孔子由衷地讚歎道：「君子啊，這人真是君子啊！」

另一位被孔子稱為君子的是子賤，姓宓，名不齊，子賤是他的字，魯國人。司馬遷說他比孔子小三十歲，《孔子家語》說他比孔子小四十九歲。子賤的道德修養之高，是少有人可與之比肩的。他曾經擔任過「單父宰」，相當於今天山東單縣的縣長。他用無為而治的辦法來治理地方，取得了驕人的成績。據說，子賤是個仁愛有智慧之人，並且彈得一手好琴，他利用自己的特長，推行教化，每天只是彈琴作樂，靠音樂的力量感化人心，規範民眾的行為，引導民眾向善，被譽為「鳴琴而治」的政治家。其實，子賤所做的遠遠超過人們表面上所看到的，他輕賦役，振困窮，舉賢能，退不肖，以實際行動樹立廉潔的執政作風，從而贏得了民心。孔子不僅直呼他為君子，而且認為子賤的道德才華「堪比堯舜」，可以擔當更大的責任，治理更大的地方。孔子謂子賤：「君子哉若人！魯無君子者，斯焉取斯。」（《論語．公冶長》）孔子在這裏說，子賤這人真是個君子啊！誰說魯國沒有君子？如果魯國無君子的話，那麼子賤是從哪裏來的呢？

以上兩例雖然是在講如何治理國家，但透過此我們卻看到了一幅栩栩如生的「君子」畫像。「君子」一詞在《論語》中共出現一百零七次，辜鴻銘先生說：「孔子全部的哲學體系和道德教誨可以歸納為一句話，即君子之道。」在儒家思想中最具代表性的對君子的描述有哪些呢？

一、仁者愛人

《論語》中論「仁」有五十八章，共談到一百零五次，其中孔子的學生問「仁」有九處，但孔子給出的答案每次都有不同。人們可能會有疑問，為什麼每次回答的內容都不一樣呢？究竟孔子所說的「仁」有沒有一個定論呢？我們可以從他對子貢和曾子所說的「予一以貫之」中看出，孔子對他所推崇的「仁」一直是有一致見解的，只是他從多個方面來作了論述罷了。據文獻記載可以初步斷定，「仁」和「仁人」這些詞是西周人所造的。「仁」字最初源於兩個人相親相愛，「仁人」是一個王朝或是封國建立牢固的統治秩序所不可缺少的。將「仁」的含義規定為「愛人」，並建立了一套仁愛的理論，則是從孔子開始的。「仁者愛人」這四個字是對「仁」的高度概括。孔子認為「愛人」要由近及遠，首先要「親親」，做到「入則孝，出則悌」，然後才能

「泛愛眾」。可見，「孝悌」是仁之本。也就是說，做人，在家能夠孝敬父母、尊敬兄長，那麼才不會做出悖逆尊長這樣的事。在孔子所有的學生中，孔子認為只有顏回才算得上仁者。下面這則故事，或許能幫我們找到為什麼說顏回算得上仁者的原因。

有一天，孔子的學生子路、子貢、顏回三個人陪同孔子出遊，來到了魯國邊境的農山。山下是一大片肥沃的土地，卻沒有耕種，長滿了野草。由於魯國國勢衰弱，常常遭到強大的齊國、楚國等國的侵擾，農山下的這塊土地正好是魯國與齊、楚等國的邊境，從這裏出發可以到齊國、楚國，齊國和楚國也可以從這裏入侵，進入魯國。孔子看着肥沃的土地因地處三國交界而荒蕪，感到十分惋惜。他歎了一口氣說：「你們三個人就前面這塊荒地談談各自的想法，讓我來聽聽。」子路是一名武將。老師的話剛剛落音，他就迫不及待地回答道：「我願擔當起保衛魯國的責任，敵人的軍隊若從這裏侵入，我就穿上威武的軍裝，高舉戰旗，吹起號角，擂響戰鼓，率領一支軍隊衝向敵軍，奪過他們的帥旗，殺得敵人望風而逃。我再乘勝擴大魯國的疆土，使魯國強大起來。」一番慷慨激昂的「演講」完畢後，還沒等別人搭話，子路又自豪地說：「這只有我仲由才做得到。子貢和顏回，你們就跟在我後邊立功吧！」孔子沒有任何表情，只是淡淡地說：「真是一名勇將。」接着，子貢說道：「這塊土地是一個很好的戰場，齊、楚等國的軍隊會在這裏擺開陣勢進攻魯國，魯國的軍隊也將擺開陣勢在這裏迎戰。戰鼓已經擂響，軍隊互相對峙，在戰爭一觸即發的時候，我穿上外交家的白色禮服，在齊楚的陣營前遊說，坦陳利害，使他們不戰而退。只有我這樣才能挽救魯國。子路和顏回你倆只要跟着我就行了。」孔子仍然平靜地評論：「真是一個口才雄辯的外交家。」最後輪到顏回了，他卻退到一旁不語。孔子再三鼓勵後，他才說：「我希望魯國有一個賢明的國君，讓我輔佐他，實行教化，宣揚禮儀，倡導良好的社會風氣，使魯國強盛起來，與鄰國和睦相處。不勞民傷財地建築防禦敵人的城池，把刀劍化為農具，讓牛馬在這片肥沃的土地上自由勞作。永遠沒有戰爭，各家的男人也不會因戰爭而別離妻室兒女。子路的勇武再也無用武之地，子貢雄辯的口才再也無處施展。因為那時天下已經太平。」孔子聽得呆了，早已沉醉於顏回描繪的美景中，非常感動。過了片刻他才嚴肅地稱讚說：「這是多麼美好的前景，多麼崇高的道德理想啊！」在這個故事裏，子路、子貢、顏回都表達出對國家的責任和他們的理想，雖然所站的角度不同，但各自的角度體現了儒家的價值取向，因此孔子都給予肯定。但孔子認為，只有顏回最準確地理解了儒家的理論，這就是「仁」。由此可以知道為什麼孔子給予顏回如此高的評價了。

那麼，我們怎樣才能做一個仁愛之人呢？孔子說：「己欲立而立人，己欲達而達人。能近取譬，可謂仁之方也已。」（《論語．雍也》）就是說你自己想有所建樹，就要讓別人也有所建樹；你自己想實現理想，要讓別人也實現理想。能夠從身邊的小事做起，推己及人，就是實踐仁的方法。歸根結底，在孔子看來，仁是做人的根本，是處於第一位的。由親親而親民而親天下。「君子篤於親則民興於仁」（《論語．泰伯》），君子厚待父母，那麼民眾就會學習效法，從而形成仁愛和諧的社會風氣。由愛心推展出去，由愛人而愛物，如愛花鳥蟲魚，愛草木走獸，愛山川河流，愛風雪雷……大愛無疆。孟子說，「仁民而愛物」，「仁者無不愛也」。（《孟子．盡心上》）

應該說這種由愛人而愛物而愛一切的心性，是構成君子人格的道德根基。孔子所處的是一個「禮崩樂壞」的時代，社會秩序處於混亂狀態。面對嚴重的社會危機，各家各派都在尋求醫治社會弊病的良方。道家以無為而治為救世之方，墨家以兼愛非攻為平亂之術。以孔子為代表的儒家則認為，要維護社會秩序，必須恢復周王朝所建立的一整套禮儀規範，亦即「復禮」。如何「復禮」？孔子感到，單純採取強制性的手段，已經不能奏效。因為當時諸侯割據，周天子的威儀已經喪失。於是孔子創造性地以「仁」釋「禮」：「人而不仁，如禮何？人而不仁，如樂何？」（《論語．八佾》）沒有「仁」，當然不會有什麼「禮」，要復興「禮」，當從「仁」入手。如果說，「禮」是孔子思想的出發點，那麼，「仁」則是孔子思想的核心。

二、如其禮樂，以俟君子

君子人格的行為規範在於「禮」。禮是古代祭神致福的儀式，也叫「禮儀」或「儀禮」。這種儀式莊重、規範、嚴肅，後來引申出社會行為的法則、規範的含義。周代在行禮的時候，開始演奏高雅、嚴肅的音樂，這種配樂的禮儀，也叫「禮樂」。禮樂具有示範、引導、教育、薰陶等作用，所以禮樂又引申出典章、制度、規矩、文化、文明等含義。

子路、曾皙、冉有、公西華侍坐。子曰：「以吾一日長乎爾，毋吾以也。居則曰：『不吾知也！』如或知爾，則何以哉？」子路率爾而對曰：「千乘之國，攝乎大國之間，加之以師旅，因之以饑饉，由也為之，比及三年，可使有勇，且知方也。」夫子哂之。「求而何如？」對曰：「方六七十，如五六十，求也為之，比及三年，可使足民。如其禮樂，以俟君子。」（《論語．先進》）這一段話是《論語》中最精彩、最重要、最著名的段落之一。因為篇幅所限，僅就「如其禮樂，以俟君子」一句話作注解，「至於行為規範道德精神的構建，就只好留待真有學養的君子來操辦了」。

君子的學養是如何得來的？孔子有一句話概括得很好，他說：「君子博學於文，約之以禮，亦可以弗畔矣夫！」（《論語．雍也》）「畔」的釋義為「背」，「弗畔」，就是不違背。不違背什麼呢？就是孔子說的「七十而從心所欲不逾矩」的那個「矩」。何謂「矩」？他說：「君子懷刑，小人懷惠。」（《論語．里仁》）君子關心的是法律秩序，就是前面所講的「仁」與「義」。「七十而從心所欲不逾矩」，是孔子心目中較高的人生境界。它意味着道德自律已經成為個人發自內心的要求，不需要任何外界的社會規範來約束自己。當然，只是孔子到了七十歲時隨心所欲不違仁義，而一般的博學君子則還需要「約之以禮」，即通過禮的約束才能做到不違仁義。孔子要求弟子在「博學於文」之後不忘「約之於禮」，可能與當時有學者以「博學」為傲人、賣弄資本的現象有關。老聃就曾指出過這一不良現象：「知者不博，博者不知。」因為博，反而誤入歧途。孔子正是有鑒於此，才提出以禮約博，作為君子的標準之一。孔子還說過「君子不器」，這句話有兩層含義。首先，孔子認為君子應該視野開闊，掌握多種技能；其次，作為思想層次較高的君子，因為能夠掌握人生的大道理和事物的本質規律，所以無論做什麼事情都能夠很快精通，可以從事很多的職業，在很多方面取得成功；更重要的是，除了從事職業工作的能力以外，還要在精神品質方面有更高的境界。

關於君子的行為規範還有很多，小人考慮的是恩惠小利。《論語．季氏》記載，孔子說君子有九件事情需要思考：看，要考慮是否看明白；聽，要考慮是否聽清楚；臉色，要考慮是否溫和；容貌，要考慮是否謙恭；言語，要考慮是否忠實；辦事，要考慮是否認真；疑慮時，要考慮是否應該向別人詢問；憤怒時，要考慮會不會有後患；遇見有所得，要考慮自己是否合乎義的準則。孔子所提出的這「君子九思」，被很多古代的讀書人視為立身處世的準則。這九條準則為我們塑造出一位睿智、勤勉、儒雅、正直的古代讀書人形象。另外，儒家對「君子」還有更多的規範和要求，比如君子有四不：君子不妄動，動必有道；君子不徒語，語必有理；君子不苟求，求必有義；君子不虛行，行必有正。

三、義：君子人格的價值尺度

孔子認為君子還應以義為貴。什麼是義？甲骨文「義」是用刀斧屠宰牛羊以祭祀的會意字。在古代，殺牲祭祀是必須辦理的重大事情，由此引申為正當的、合宜的、應該的、公正的、合乎正義或公益的道理、舉動等。馮友蘭先生在《中國哲學之精神》一書中說：「道德方面的應該，無條件的應該，就是所謂義。」從字源上講，義、宜、誼同源，古代典籍中經常通用。先秦諸子幾乎人人口不離義，其中孟子解義最為周詳和精闢，《論語》也二十四次講到義。君子做事的基本價值尺度就是義。孔子不否認人有追求正當利益的權利，但孔子強調人對於利益的追求一定要符合正當性的要求。「不可求」之事，也就是不義之舉。「不義而富且貴，於我如浮雲。」違背義的事情，即使再有利也不應當做。他說：「財富和地位是人人盼望的，不用正當的方法獲得，君子就不接受它們。貧困和地位低賤，是每個人都厭惡的，如果不依靠正當的方法擺脫，是擺脫不了的！君子拋棄自己的仁德，怎能成就自己的好名聲呢？」（《論語．里仁》）孔子一生為了推行自己的政治主張，經歷了很多磨難，甚至到了飢不得食的地步。但孔子不因為富貴榮華放棄自己的志向，也不因貧困潦倒改變自己的追求，堅持做人的操守，表現出偉大的勇氣和毅力。正因如此，他才得到了無數人的敬仰，人們不僅欽佩他博大精深的思想，更為他的人格魅力所感動。

孟子提出了「五倫」，「義」字在《孟子》全書中共出現一百零八次，若不計入其他引用非孟子之言，則有九十四次。孟子提出了「四德」：仁、義、禮、智。他將「仁」列為首位，是對孔子思想的繼承和發揚，將「禮」降到第三位，表明周代以「禮」為首的退位。將「智」作為一德，也是對孔子智、仁、勇「三達德」的一種繼承。他認為「四德」源於人的「心」，於是提出：「惻隱之心，仁之端也；羞辱之心，義之端也；辭讓之心，禮之端也；是非之心，智之端也。」他認為，「無惻隱之心，非人也；無羞惡之心，非人也；無辭讓之心，非人也；無是非之心，非人也。」有無「四心」乃人與禽獸之別也。他還提出「富貴不能淫，貧賤不能移，威武不能屈」的「大丈夫」人格與氣節的標準，對於中國人形成獨立的意志與人格，對中華道德精神的確立一直起着重要的作用。

四、知——君子人格的態度

知與智同源，先秦典籍中知、智通用。如下圖。

知既有知識、知道、了解、感知、記憶、掌握等意義，也有判斷、聰明、智謀、智慧等含義。後來專有「智」的出現，「知」與「智」二字才有了分工。《論語》中「知」出現一百一十六次，其中二十五次是代替「智」出現的。知是君子的構成要素之一，也是最基礎的要素。孔子曾對子路說，人有六種品德：仁、知、信、直、勇、剛，也便有六種弊病：愚、蕩、賊、絞、亂、狂。愛仁德，不愛學問，就容易被人愚弄；愛耍聰明，卻不愛學問，弊病就是放蕩而無基礎；愛誠實，卻不愛學問，就容易被人利用，反而害了自己；愛直率，卻不愛學問，說話就會尖刻，刺痛人心；愛勇敢，卻不愛學問，就會搗亂闖禍；愛剛強，卻不愛學問，就容易膽大妄為。君子如果沒有知識學問作為基礎，行為上就要出現偏差，好的道德品質就難以形成和提高。所以，儒家思想中知識教育也被納入到道德教育的範疇。

那麼，如何獲得「知」呢？對待「知」要有一種實事求是的態度。孔子有一句名言：「知之為知之，不知為不知，是知也。」孔子的話道出了現實生活中許多人的通病。自以為是、盲目自大，好面子，講虛榮，不願承認自己有不知道、不懂的地方，看似聰明，實為愚蠢。人生是短暫的，知識的海洋龐大而深遠，以有限的生命對待無限的知識洪流，只有不斷積累，正視自己的無知之處，人才能不斷進取。這種誠實態度，才是真正的聰明態度。除此之外，對待知識學問，還要有好學、樂學的精神。怎麼做才叫好學？孔子認為，求學的人對於吃住問題不必過多計較，重要的是勤敏做事，慎於言語，向有道德學問的人學習，這才算得上好學。好學還不夠，進一步還應樂學，他說：「知之者不如好之者，好之者不如樂之者。」知道學問有用而學的人不如為了愛好學問而學的人，為愛好學問而學的人不如以求學為樂的人。以學為樂的人有強烈的求知欲，對學習存在濃厚興趣，不為名利所誘惑，對飢寒威脅置之度外。在孔子的學生中，顏回就是這樣的人。顏回（前五二一－前四八一），曹姓，顏氏，名回，字子淵。春秋末魯國人，孔子最得意弟子。《論語．雍也》說他「一簞食，一瓢飲，在陋巷，人不堪其憂，回也不改其樂」。顏回吃着簡單的飯食，居住在簡陋破舊的房屋裏，在別人無法忍耐的環境裏，他卻保持着他好學的樂趣。顏回追求的是精神上的完美，所以絲毫沒有把物質上的貧困放在心上。顏回為人謙遜好學，「不遷怒，不貳過」。他異常尊重老師，對孔子無事不從無言不悅，以德行著稱，孔子稱讚他「賢哉回也」。孔子讚美顏回並非因他能忍受生活的貧困，也並非因他用貧困磨礪自己。他讚美的是顏回的精神——為了自己的理想，不斷追求，即使為此過着清貧的生活也在所不惜。自漢代起，顏回被列為七十二賢之首，有時祭孔時獨以顏回配享。此後歷代統治者不斷追加謚號：唐太宗尊之為「先師」，唐玄宗尊之為「兗公」，宋真宗加封為「兗國公」，元文宗又尊為「兗國復聖公」，明嘉靖九年改稱「復聖」。山東曲阜還有「復聖廟」。

與「君子」內涵相近的其他表述

大丈夫。在源遠流長的中國教育的歷史中，關於培養什麼樣的人才，雖然「君子」之說影響至深至遠，但除此之外，還有一些其他表述，比如孔子關於教育培養目標的表述有：士、君子、士君子、君子儒、聖人等。孟子最為讚賞的人物是大丈夫。孟子有一個學生景春，他曾對孟子說：公孫衍和張儀難道不是真正的大丈夫嗎？孟子說他們怎麼能夠叫大丈夫呢？大丈夫應該是這樣的：「居天下之廣居，立天下之正位，行天下之大道；得志與民由之，不得志獨行其道；富貴不能淫，貧賤不能移，威武不能屈：此之謂大丈夫。」（《孟子．滕文公下》）朱熹《孟子集注》對此的解釋是：「廣居，仁也；正位，禮也；大道，義也。」「與民由之，推其所得於人也；獨行其道，守其所得於己也。」「淫，蕩其心也。移，變其節也。屈，挫其志也。」這一段話描繪了這樣的大丈夫形象：他們住在天下最寬廣的住宅裏，站在天下最正確的的位置上，走着天下最光明的大道。得志之時，便與老百姓一道前進；不得志之時，便獨自堅持自己的原則，獨善其身。富貴不能使我驕奢淫逸，貧賤不能使我改移節操，威武不能使我屈服意志。這樣才叫做大丈夫啊！短短的幾句話，內涵十分豐富：首先，大丈夫應以仁、禮、義儒家這三個最主要的道德規範為內核。堅信人的道德、操守、人的價值、人的尊嚴之高貴。一個人若能不失其赤子之心，人之道德良知則千古不滅，世界上最為寶貴的東西是內在於每個人自身的，這就是人的道德品質和精神境界，這些精神財富的價值遠遠高於外在於人的物質財富和權力地位。其次，大丈夫應有「剛毅不拔」的精神。這裏的「剛」不是盛氣凌人，不是張狂，而是嚴格「克己」型的。孟子曰：「愛人不親，反其仁；治人不治，反其智；禮人不答，反其敬——行有不得者皆反求諸己，其身正而天下歸之。」（《孟子．離婁上》）第三，大丈夫還應有從容、快樂的人生態度。孟子曰：「君子有三樂，而王天下不與存焉。父母俱存，兄弟無故，一樂也；仰不愧於天，俯不怍於人，二樂也；得天下英才而教育之，三樂也。君子有三樂，而王天下不與存焉。」孟子曰：「萬物皆備於我矣。反身而誠，樂莫大焉。強恕而行，求仁莫近焉。」（《孟子．盡心上》）宋代大儒程顥有一首詩《秋日偶成》，表現出儒家的這種樂天知命的境界，能夠幫助我們很好地理解孟子大丈夫之「樂」。

閒來無事不從容，睡覺東窗日已紅。
萬物靜觀皆自得，四時佳興與人同。
道通天地有形外，思入風雲變態中。
富貴不淫貧賤樂，男兒到此是豪雄。
（《二程集》，中華書局一九八一年版，第四八二頁）

最後，「大丈夫」是如何修煉的呢？孟子認為一切力量源於人的本心，經過不斷的修煉和存養，就能使內在的「良知」、「良能」和相應的力量挖掘出來。這種精神力量集中反映在孟子的「浩然之氣」上。什麼是「浩然之氣」，雖然連孟子自己也感到說不清，「其為氣也，至大至剛、以直養而無害，則塞於天地之間。其為氣也，配義與道；無是，餒也。是集義所生者，非義襲而取之也。」（《孟子．公孫丑上》）可見，這種「氣」其力量是無窮的，它來源於長期日積月累的道德修養，而不是偶然從心外所得。它「配義與道」，否則就不會有力量。「浩然之氣」，可以理解為受信念指導的情感和意志相混合的一種心理狀態和精神境界，這是一股潔然正氣。孟子認為，有了這種「浩然之氣」就可以說是頂天立地的「大丈夫」。

大儒、成人和聖人。荀子也經常提到「君子」，不過，他更為崇尚的人是「大儒」「成人」

和「聖人」。荀子在《儒效》一文中，曾將儒分三等：俗儒——也稱賤儒、腐儒、陋儒，他們「術謬學雜」，諂媚於當權者；雅儒——能「尊賢畏法」，不「暗上」亦不「疾下」，雖創新進取不足，但不願自欺欺人；大儒——能「以淺持博，以古持今，以一持萬」，有高深的理論素養，還具有堅定不移的意志和信念。荀子在《勸學》中還提出「成人」的完美人格：「……權利不能傾也，群眾不能移也，天下不能蕩也。生乎由是，死乎由是，夫是之謂德操，德操然後能定，能定然後能應。能定能應，夫是之謂成人。」德操是「成人」的前提與核心。不傾慕權力，在私欲面前沒有邪念，不屈服於人多勢眾，天下萬物不能動搖其信念，活着如此，到死也不會改變，這就叫做有德行、有操守。有德行和操守，才能做到堅定不移，堅定不移然後才有隨機應對，能做到堅定不移和隨機應對，那就是成熟完美的人了。這與孟子的「大丈夫」何其相似。孔孟雖也論及人才層次，但不如荀子明確、具體和全面。而且孔孟論及人才大多側重於人的仁義品質和道德修養，而荀子在此基礎上又突出了知識水平、思維能力和實際工作能力等的重要性，尤其是高層次人才，知識和才能顯得更為重要。例如，他對聖人特點的描述包含着重要的人的能力指向。荀子思想中的「聖人」，可以從幾個方面把握。首先，聖人是道德完善之人，荀子在《儒效》中提到「聖人者，道之極也」。聖人是道德完美的人，是衡量是與非的標準。在荀子筆下，聖人是天下大道之關鍵。其次，人人皆可成為聖人，「塗之人可以為禹」。再次，學可以為聖。聖人所以成為人道之極，群倫之表，就在於他們能夠自覺地改造或抑制人的自然本能。鑒於此，荀子在《解蔽》篇中，提出了一個重要的克服認識片面性的方法論原則。荀子看到，大凡人的毛病，都是被事物的某一個局部所蒙蔽。愛好、憎惡會造成蒙蔽，只看到開始或者只看到終了會造成蒙蔽，只看到遠處或者只看到近處會造成蒙蔽，只了解古代或者只知道現在也會造成蒙蔽。大凡事物都有不同的方面，同一事物的不同側面，同一事物同一側面的不同發展階段，都是存在着差異的。所以，作為聖人，要「修百王之法」，要「解蔽」，「聖人知心術之患，見蔽塞之禍，故無欲、無惡、無始、無終、無近、無遠、無博、無淺、無古、無今，兼陳萬物而中懸衡焉。」《荀子．解蔽》

鴻儒。王充，東漢重要的思想家和教育家，章太炎稱他為「漢代一人」（章炳麟《訄書．學變》）。王充的思想龐雜，其顯著特點是「破」而不是「立」。他所崇尚的人才是「鴻儒」。王充對儒家教育及其不同層次的人才要求做了明確的分類，由低到高的排序為：儒生、通人、文人、鴻儒。從王充對人才的分類及其對不同人才的界定可以看出，他有兩點明顯的傾向。其一，在注重德才兼備的同時，他更看重人才的實踐能力。他對「道」和「事」作了明確的區分，認為應該學以致用，講求實效：「事莫明於有效，論莫定於有證。」（《論衡．薄葬篇》）他把學習或得道的重心放在靈活運用上。其二，在學習和創造的關係上，王充特別推崇和強調能著書立說的創造型學術大師即「鴻儒」。鴻儒「能精思著文，連接篇章」，並能「興論立說」，具有獨創精神和超前意識。王充對人才培養目標的設定可使人變得靈活、變通而實際，把儒學引向不斷創造和發展的軌道。王充的懷疑和批判精神可以說是中國古代學風中最為缺乏的。懷疑和批判精神既是一種能力，更是一種思維方式，是教育和學術的創造與發展不可缺少的重要因素。

醇儒。南宋理學家朱熹在眾多的學術領域都有很深的造詣，是宋明理學第一個發展高潮中的最傑出代表。宋明理學是以宇宙論和本體論為基礎、以心性論為核心、以聖賢境界為人格追求的學術思潮和思想流派。朱熹認為，教育的根本目的就是教人做人。他認為，上至帝王、賢人，下至愚民、懶人，都須「由教而入」使之成為「醇儒」。「醇儒」是朱熹理想的培養目標。「醇儒」是一種什麼境界呢？在他那裏並非只是強調個體的人對於社會及其社會規範的簡單認同，更強調以此為基礎，實現內在心性的自我超越和自我實現，從而達到高度自覺又高度自由的精神境界，此即他說的「醇儒境界」。可以說，達到這種境界的個體突破了一己之小我的限制，而與社會之大我、天地之大我融為一體，從這個意義上說，它是「天人合一」，即實現了人與自然、主體與客體的有機統一的境界。「醇儒」的人格模式可用下圖表示：

醇儒 {
修己——「明明德」——「滅人欲」
治人——「親（新）民」——「明人倫」
} 「復性」或「復初」

完人、超人。與朱熹同時代的南宋另一著名思想家、教育家陸九淵，還提出了「完人」「超人」的教育培養目標。陸九淵提出明理、立心、自主，最後達至「做人」。做人包含兩種含義。一是做倫理道德的「完人」，亦即聖賢君子。「人生天地間，為人自當盡人道，學者所學為學，學為人而已。」教育的目的即是培養學生理解學為人的道理。二是教育的最高境界即是做獨立的超人，即體現「天地之心」的主宰者。明理立心，擴充自我，做一個能駕馭萬物之上、體現作為世界本體的「心」的超然的人。如果說培養「完人」的主張是繼承孔子以及儒家傳統教育思想的話，那麼，他的「超人」觀點的提出則反映了陸九淵的教育思想的鮮明的個性特色。所謂「超人」，即不僅要有聖人的人格，而且還需有獨創的求新的精神風貌；不僅具有「舍我其誰」的高度使命感，且還應有思想自由、無所顧忌的氣魄，能「激勵奮迅，決破羅網，焚燒荊棘，蕩夷污澤」（《陸九淵集．語錄下》）。他一反儒者君子自謙的傳統，自詡為超人：「仰首攀南斗，翻身倚北辰，舉頭天外望，無我這般人。」「我無事時，只似一個全無知無能底人。及事至方出來，又似個無所不知、無所不能之人。」（《陸九淵集．語錄下》）

以上諸多關於教育培養目標的概括，反映出中國古人對精神生活的深刻體會和理解，體現出儒家對主體性人格的推崇和追求。

什麼是「學」？

教育是一個地道的「現代」概念，在中國古代學術思想中並不經常使用「教育」一詞。一般情況下，「教」「育」兩個字分別有自己獨立的意思，不連在一起使用。《孟子·盡心上》中有一段話，「得天下英才而教育之，三樂也」。按《說文解字》的解釋，「教，上所施，下所效也」，「育，養子使作善也」。這裏儘管連用，卻表達兩個不同的意思，並不是指培養人的活動的專有名詞。直到十九世紀末二十世紀初，「教育」才成為一個概念。那麼，在這之前的幾千年時間裏，中國學者在談論教育一類的問題時使用的是哪一個詞？這個詞的意義是什麼？到了近代又為什麼選用「教育」這個詞來翻譯來自西方的教育著作？

中華民族有悠久的歷史和燦爛的文明，教育歷史傳統同樣厚重與豐富，古代思想家不以「教育」名之，而多使用「教」和「學」這兩個詞。兩者比較起來又以「學」為多。

一、「學」的意義

「學」甲骨文的寫法是，金文的寫法是。「學」是個會意字，甲骨文的上部為左右兩手結網之形，「結網為複雜之技能，非傳授不能獲得」，「學」就是獲得的意思。對金文「學」的一種說法是，上部為左右兩手，中間的「爻」表示雜草，下面是一個小孩子，合在一起就是表示用手把孩子頭上的「雜草」除去，從而使他們聰明起來，具有「使人聰慧」的意味。綜合這兩種解釋，可以認為，「學」在字意上具有使人「獲得知識經驗，啟發人生智慧」的意思。《禮記·王制》中有這樣一段話：「殷曰學，學者，覺也，覺民者，所以反其質，故曰學。」意思就是說，「學」就是「覺悟」，使人覺悟就是使他返回到原來的本性。

根據相關思想資料，我們把「學」的意義概括為：第一，「學」以為人，這是目的，也是內容，是二者的統一。「學」不僅僅是為了獲得知識，更主要的是學習如何做人，做一個德行高尚的人。第二，「學」的態度，如勤奮樂學，「發憤忘食，樂以忘憂，不知老之將至」（《論語·述而》）。第三，「學」的方法。「學」則由己，這是根本方法。「學」重在個體自覺，孔子將其概括為「為人由己」（《論語·顏元》）。第四，「學」必有恆，這是為學的基本前提。古人講學，無不強調「有恆」，強調「專心」，強調「功夫」。「學」的最高境界就是成為「聖人」「君子」。

以上關於「學」的概述肯定是不全面的，但是通過此，我們可以體會到「學」的真諦所在：「學」的對象不是一個有限的物質世界、知識世界，是一個無限的道德世界。這也就規定了「學」的追求，不是個體的某些方面心智的發展，是整個人的生成，整個生活世界的建構。以此，「學」所依託的不是純粹的理性，而是人的整個內在世界和外在世界的參與。

二、「學」的機構

「學」還是古代教育機構的名稱，如「大學」（右學）、「小學」（左學）、「國學」、「鄉學」、「官學」、「私學」、「太學」、「社學」等。

三、教與學的關係

教也是個會意字。如下圖。

「教」字的左下方是個孩子，左上方是被鞭打的象徵符號，右邊是個拿鞭子的人，合起來的意思可以解釋為用鞭打的手段迫使孩子學習文化知識。由此可見，「教」是一種外在於學習者的文化灌輸，而且使用了強制性的手段。此外，「教」還可以當作「效法」或「學習」解，這時它起源於「學」。在《尚書．說命》中有「學學半」（前一個「學」字音 xiào，本字讀作「斅」）的短語，說明了這兩個詞之間的關係。總之，從詞源來看，「教」「學」二字是以「學」為基本，為核心的。古人在論述人的發展問題時也大都通過「學」的論述來闡述自己主張的。例如《學記》開篇語：「發慮憲，求善良，足以謏（xiǎo）聞，不足以動眾；就賢體遠，足以動眾，未足以化民。君子如欲化民成俗，其必由學乎！」「玉不琢，不成器；人不學，不知道（『道』指儒家之道）。是故古之王者建國君民，教學為先。」從現代公認的古代教育名著名稱來看，也可以說明古代論「教」大都以論「學」形式出現，如《禮記》中的《大學》、荀子的《勸學》、唐代韓愈的《進學解》等。

甲骨文

金文

小篆

十九世紀末二十世紀初，為了興學育人，挽救民族危亡，甲午戰後赴日留學的一些人開始翻譯日文教育學書籍的工作。由於日文中有「教育」和「教育學」一詞，故翻譯過來的有關「興學」的實踐和理論就稱為「教育」和「教育學」。一些學者以王國維在《教育世界》上翻譯的日本立花銑三郎的《教育學》為最早。在學界的影響下，一些朝廷大臣及思想家的著作中也開始出現「學」與「教育」並存、「興學」與「普及教育」並提的情況，一九〇六年，學部奏請頒佈「教育宗旨」。民國之後，才改「學部」為「教育部」，此後，「教育」一詞遂取代「學」成為有關教育問題研究的基本概念。

中國教育家小傳

引言

中國是文明古國，教育家燦若群星，他們傳播了燦爛光輝的中國文化，豐富了中華民族的教育寶庫，為中華民族的發展作出了歷史貢獻。從宏觀上看，他們論證了如何「做人」「教人」，如何修身、齊家、治國、平天下，如何使教育為鞏固政權服務。從微觀方面看，他們探討了學校教育、家庭教育和社會教育，深刻討論了為人之道與修身之方，研究了教學原則和教學方法，形成了豐厚的獨立的教育思想體系。因篇幅所限，本章只選擇了最具代表性的教育家，對其突出的思想和個性作簡短的介紹。

「學而不厭」「誨人不倦」的孔子

孔子在總結自己的一生時說：「吾十有五而志於學，三十而立，四十而不惑，五十而知天命，六十而耳順，七十而從心所欲不逾矩。」（《論語．為政》）雖然他曾謙虛地說：「學而不厭，誨人不倦，何有於我哉？」（《論語．述而》）但是，對於他的教育活動，當世及後人均給予高度評價。子貢就曾這樣表達孔子在教育上的表現：「學不厭，智也；教不倦，仁也。仁且智，夫子既聖矣乎！」（《孟子．公孫丑上》）孔子有政治抱負，但成就孔子在中國歷史上地位的，是他的教育思想與教育活動，以至後世皇帝不斷給他追加封號，最為著名的就是稱孔子為「至聖先師」、「萬世師表」。

一、「學而不厭」的孔子

孔子（前五五一－前四七九），字仲尼，魯國陬邑（今山東曲阜）人，先秦儒家學派的開創者。孔子先祖為宋國貴族，因受迫害而避難魯國。《孔子家語》記載：孔子出生之前，已經有九個姐姐與一位兄長，但其兄長孟皮有足疾，先天殘疾。孔子的父親叔梁紇又求婚於育有三個女兒的顏姓人家。顏父在向女兒介紹叔梁紇時說，今有先王後裔，「其人身長十尺，武力絕倫，吾甚貪之。雖年長性嚴，不足為疑，三子孰能為之妻？」（《孔子家語．本姓解》）大女兒、二女兒沒有反應，三女兒顏徵在「從父所制」。就這樣，十八歲的顏徵在嫁給了六十歲的叔梁紇。在結婚之前不見面的春秋時期，嫁到孔家的顏徵在發現叔梁紇已經相當「年大」，因而經常一個人到尼丘山祈禱。後生孔子，名丘，字仲尼。孔子三歲時父親去世，生活在單親家庭中；十五歲時母親去世，成為孤兒。

出生在破落貴族家庭又幼年喪父的孔子，勤奮好學，「每事問」。在「學術官守」「惟官有學」的時代，貧賤的孔子無法到專門為貴族子弟設立的學校中學習。但是，這不妨礙孔子對學習的嚮往。他在與學生交談時說：「吾少也賤，故多能鄙事。」（《論語．子罕》）「少也賤」的孔子，通過做一些別人眼中的卑賤之事，讓自己多才多藝。但是，孔子的學習，絕不限於「鄙事」上。

對自己感興趣的事，孔子都善於學習。沒去過太廟的孔子，對見到之事幾乎「每事問」。十五歲立下求學志向後，借助學術下移的機會，孔子努力學習從官府流傳到民間的《詩》、《書》、《禮》等典籍。孔子學無常師，他曾求教於老子、蘧伯玉、晏平仲、老萊子、孟公綽、子產等當世學問家，問禮於老聃，學樂於萇弘，學琴於師襄。不僅如此，孔子還向所有有一技之長者學習。他說：「三人行，必有我師焉，擇其善者而從之，其不善者而改之。」（《論語．述而》）他「敏而好學，不恥下問」，以能問於不能，向不如自己的人學習。

孔子善於學習，總結出卓有成效的學習方法。首先是要立志。立志是確立志向，即為什麼而學，是學習中帶有價值取向的關鍵環節，主導整個學習活動。孔子說自己十五歲時立下學習的志向。志向要大，他的志向就是恢復周禮、實現仁政，要重視人、尊重人，即「仁者愛人」。其次是態度要端正。知道就是知道，不知道就是不知道。他甚至認為，能夠知道自己不知道的東西，才是智者的體現。在學習態度上，他反對憑空的揣摩、不加辨析的肯定、固執己見和唯我獨尊，他認為這不僅是學習的大忌，也是做人的大忌。再次是要學與思相結合。學習是為了獲取知識，是思考的前提。因為，沒有通過學習獲得的知識，思考就會失去對象，陷入罔思之中。但是，不加辨析的學習可能導致盲目遵從，失去自我。最後是要能付諸行動。學習與思考是為了解決實際問題，要落在實處。他甚至將通過學習所得付諸行動看做學習的一種境界，即所謂的「學而時習之，不亦悅乎？」（《論語．學而》）當然，對於作為教師的孔子來說，利用學習所得教育學生就是最大的行動。「愛之，能勿勞乎？忠焉，能勿誨乎？」（《論語．憲問》）既是孔子對自己學習的一種要求，也是對自己作為教師的一種激勵。

二、「誨人不倦」的孔子

孔子不僅善於學習，而且善於教育學生。當他無法實現自己政治理想時，便將自己的時間與精力都投入到教育學生和整理典籍上。

首先，《詩》、《書》、《禮》、《樂》。孔子嚮往「彬彬有禮」「郁郁乎文哉」的西周社會，他期望能恢復周禮，實施仁政，對於西周以來的典籍尤為推崇。在孔子看來，學習《詩》可以抒發人的情感、培養人的興趣，可以觀察、使人和諧，對錯誤的事情表達哀怨。因此，教育學生從《詩》開始。他認為《詩》與《書》中所載都是「雅言」，《禮》是「雅言」的外現，《樂》可以釋放人的情緒，實現內心和諧。這些都與人的生活聯繫在一起，應該成為教育內容。他甚至認為人若不學《詩》，就不能表達思想；不學《禮》，就不能立身；不學《樂》，就不能成為君子。

因此，他說：「興於詩，立於禮，成於樂。」（《論語・泰伯》）為此，孔子晚年還專門「刪詩書定禮樂」，作為自己教育時的參考資料。

其次，有教無類。在教育還是稀缺資源的時代，絕大多數人都難以獲得教育機會。孔子將自己所學，盡其所能為願意求學者創造求學機會。他要「有教無類」，即敞開大門，滿足願意求學者的願望。他說：「自行束脩以上，吾未嘗無誨焉。」（《論語・述而》）也就是說，只要主觀上願意上進的人，我都願意教育他們。他還鼓勵人們求師學習，並對年輕人充滿期望。「後生可畏，焉知來者不如今也？」他甚至認為，一個人只要願意學習，即使年過半百也沒什麼可怕的，「四十、五十而無聞焉，斯亦不足畏也已」（《論語・子罕》）。正因如此，大批學生投到孔子門下。孔子的學生不僅來自多個諸侯國，而且在年齡、資歷、興趣、貧富、特點等方面存在巨大的差異。

再次，因材施教。由於孔子「有教無類」，跟隨孔子學習的人差異極大。就年齡而言，有與孔子相當的，也有比孔子年少四十歲者。面對這些差異巨大的學生，孔子實施的方法就是「因材施教」。因材施教的前提是對學生有充分了解，孔子通過「言」、「聽」、「觀」、「察」、「省」等方法，對自己的學生有深刻認識，並根據學生的特點實施不同內容與方法的教育，使每個學生的潛能得到充分釋放。《史記》記載：孔子弟子三千，身通六藝者七十二人，正是孔子「因材施教」的結果。教學中的「因材施教」，既是教育對象的客觀要求，也是孔子尊重學生的一種體現。

又次，啟發誘導。孔子主張「己所不欲，勿施於人」（《論語．衛靈公》）。孔子自己不願意被強制灌輸，自然也不願把這種方式施諸學生。因此，啟發誘導成為孔子在日常教學中經常採用的方法，以便學生能夠舉一反三。當然，啟發誘導需要條件，只有學生經過積極努力，即只有在學生想知道卻不能知道、想表達卻表達不出的時候，啟發誘導才能起作用。這需要狀態，孔子善於營造學生積極思考的狀態並及時給以啟發。對此，孔子的學生顏淵有深切感受。他說：「仰之彌高，鑽之彌堅，瞻之在前，忽焉在後。夫子循循然善誘人，博我以文，約我以禮，欲罷不能，既竭吾才。如有所立卓爾。雖欲從之，未由也已。」（《論語．子罕》）通過這種方法，孔子讓學生始終處於學習狀態，並使學生的主觀能動性得到充分發揮。

最後，教學相長。孔子教育學生，固然是為了促進學生的發展。但是，孔子教學的成果還不止於此。《論語》所載，多為孔子弟子向孔子求教的言論，然而，孔子從弟子身上也獲得不少啟發。其一，正是有眾多弟子，為孔子了解學生提供了對象，讓孔子體會到學生之間有差異，於是才有「因材施教」的做法。其二，在與弟子的接觸中，孔子有了更多的體悟。如弟子宰予言行不一，使孔子意識到知人的方式不能停留在言說層面，於是有「始吾於人也，聽其言而信其行；今吾於人也，聽其言而觀其行。於予與改是。」（《論語．公冶長》）其三，孔子「述而不作」，《論語》一書是孔子與其弟子對話的結果，由孔門子弟或再傳弟子編輯而成。因此，如果沒有這些弟子的努力，孔子的言行思想能否流傳尚是疑問。通過教與學的相互影響和促進，孔子的學生得到了成長，孔子自己的認識也在不斷提升。因此，《論語》可謂孔子教學相長的一個成果。

孔子以實際行動體現了一名教師應該具有的品質，奠定了他在中國教師史上的地位，成為後世教師的典範，不僅受到中國歷代皇帝的讚譽，更受到諸多學者的欽佩，以至於宋代書法家米芾作《孔子贊》表達對孔子的敬仰：「孔子孔子，大哉孔子！孔子以前，既無孔子；孔子以後，更無孔子。」

「得天下英才而教育之」的孟子

孟子曾說「君子有三樂」，即「父母俱在，兄弟無故，一樂也；仰不愧於天，俯不怍於人，二樂也；得天下英才而教育之，三樂也。」（《孟子．盡心上》）第一樂為家庭之樂。看似平淡無奇，卻是人世最樸素、最根本之樂，但很多人只有在親人逝去後才體會到家庭之樂的重要。第二樂是做人之樂。人之為人，上無愧於天、下無愧於人，胸懷坦蕩，剛正不阿。第三樂為做事之樂。承擔君子應該承擔的責任，在孟子看來，就是得到天下優秀的人才並教育他們。被後人譽為「亞聖」的孟子，將「得天下英才而教育之」作為其人生中的最大樂趣，致力於教育活動之中。

一、家庭之樂

孟子（約前三七二－前二八九），名軻，戰國時期魯國鄒邑（今山東鄒城）人。孟子將家庭之樂視為君子第一樂，可能與自己的人生經歷尤其是幼時經歷有密切關聯。與孔子一樣，孟子三歲時就失去父親，家境貧寒，又是在母親一手撫育下長大成人。孟母在孟子成長中扮演了重要角色。「孟母三遷」的故事能夠說明孟母對孟子教育的重視。模仿是兒童的天性，但是，模仿對象不同，會對兒童產生不同影響。住在離墓地不遠的孟子，耳濡目染，時間不長，即學會了祭拜的儀式，並經常與夥伴一起玩修造墳墓的遊戲。對於一位希望子女上進的母親，孟母選擇了搬遷。住在集市附近，可以接觸到更多的人與事，但興趣又將孟子吸引到生豬屠宰與做生意的遊戲中。在孟母看來，這依然不是適合兒童成長的環境。於是，又搬遷到學堂附近。家境貧寒的孟子沒有上學資格，但好學的孟子不久便學會了一些禮節和知識。在母親看來，這種環境，才是適合兒童成長的。這種環境選擇，有利於孟子成長，也使孟子認識到環境對人的影響。

當然，孟母對孟子的教育絕不限於選擇一個合適的環境。對孤兒寡母而言，生活窘迫是難免的。艱難的生存境遇不利於孩子成長，但若應用得法，又可能會轉變成有巨大教育效果的機會。到了入學年齡的孟子，被母親送到私塾就讀。但是，孟子貪玩，時有逃學現象。孟母沒有選擇訓斥、恐嚇、打罰等帶有體罰性質的措施，而是在一次孟子逃學時，將正在織布用的機杼扳折，先前織布的工夫白費了。對一個依靠織布維持生計的家庭而言，斷機杼直接影響到生計。孟母以此告訴孟子，學習如同織布一樣，如果不能持之以恆，半途而廢，最後的結果就是一事無成。受此啟發，孟子從此發奮讀書，身體力行，踐行聖賢的教誨，終成一代大儒。

孟子提出「性善論」的人性思想，固然與他善於學習前人思想有關，但是這種觀點的形成，與他自己的成長經歷，尤其是母親對他的教育不無關係。從記事起就沒有受到父親關愛的孟子，對完整家庭的融融之樂充滿嚮往，應當是可以理解的。這可能也是孟子將家庭之樂作為君子第一樂的原因所在。

二、做人之樂

幼時的成長經歷，使孟子認識到做人不易。但是，正是這種不易，才能體現出人之為人的價值所在。在孟子看來，人與禽獸的差異就在於人有人性。人性具體體現為惻隱之心、羞惡之心、辭讓之心、是非之心，也就是仁義禮智。這種人性與生俱來，但是處於潛在狀況，僅僅表現為一種趨向。在後天活動中，有人保持並擴充它，使人性不斷光輝敞亮，成為真正的「人」；有人卻喪失了這種與生俱來的善性，因而墮落為禽獸或匹夫。在孟子看來，做人當然取前者而非後者。

做人之樂的前提是讓人成為人，也就是上文所講的保留並擴充與生俱來的善性的人。這種人有脊樑、有自尊、有獨立人格，不僅保留並且能夠踐行人與生俱來的善性。他說：「生，我所欲也；義，亦我所欲也。二者不可得兼，舍生而取義者也。」（《孟子．告子上》）也就是說這樣的人為了道義，可以不惜生命。這樣的人充滿仁愛，富於同情心，視人猶己，「老吾老，以及人之老；幼吾幼，以及人之幼。」（《孟子．梁惠王上》）這樣的人為道義而生，為道義而死，正如《孟子．盡心上》所言：「天下有道，以道殉身；天下無道，以身殉道。」只有這樣的人，才可稱之為君子，才可能體會到做人之樂。對於那種內心充斥不正當欲望，視人生如算計、視他人為工具，為了滿足欲望不擇手段者，是為不知恥，「人不可以無恥，無恥之恥，無恥矣」（《孟子．盡心上》）。孟子認為他們已經離人較遠，是不會體會到做人之樂的。

為了提倡和踐行做人之樂，孟子甚至給出一個具體的指標。他說：「居天下之廣居，立天下之正位，行天下之大道；得志，與民由之；不得志，獨行其道。富貴不能淫，貧賤不能移，威武不能屈，此之謂大丈夫。」（《孟子．滕文公下》）意思是說，住在天下最寬廣的住所裏，站在天下最正確的位置上，踐行着天下最光明的大道。得志的時候，與老百姓一同前進；不得志的時候，便獨自堅持自己的原則。富貴不能使他驕奢淫逸，貧賤不能使他改移節操，威武不能使他屈服意志。這樣人才叫做大丈夫。「大丈夫」頂天立地，正如他自己所言：「仰不愧於天，俯不怍於人。」這樣的人才能真正體會到做人之樂。

三、育英才之樂

人之為人，需要後天努力來實現，教育是讓人成為人的一種實踐活動。這一觀點既來自孟子的成長經歷以及觀察，更來自孟子的好學善思。他曾說：「人之所以異於禽獸者幾希；庶民去之，君子存之。」（《孟子．滕文公上》）所謂「幾希」，就是仁義禮智；除去「幾希」，名稱為人，實為禽獸。教育就是保留並擴充人與生俱來的善性而讓人成為人的活動，「人之有道也，飽食暖衣，逸居而無教，則近於禽獸。」也就是說，教育的目的就是讓人成為人，成為君子。

人成為人不易，成為君子、「大丈夫」更不易，需要教育付出相當努力。孟子曾概要地說：「故天降大任於是人也，必先苦其心志，勞其筋骨，餓其體膚，空乏其身，行拂亂其所為，所以動心忍性，曾益其所不能。」（《孟子．告子下》）就是說，人要成為人、擔負人應承擔的責任，必須付出艱苦努力。做人要「養心」，因為心是「天官」，是成為「大人」的生理基礎，「養心莫善於寡欲」。不可貪欲過甚，引人反感，而引火燒身，「夫人必自侮，然後人侮之」。

因為教育目的只有轉化為求學者的求學目的才能真正起作用。從「性善論」出發，孟子提出「內鑠式」的教育原則，即教育中必須充分發揮學習者個人的主觀能動性。他說：「君子深造之以道，欲其自得之也。自得之，則居之安；居之安，則資之深；資之深，則取之左右逢其原。故君子欲其自得之也。」（《孟子．離婁》）學習過程，就是自求自得的過程，要有持之以恆的耐力，切不可自暴自棄，「自暴者，不可與有言也；自棄者，不可與有為也。」教育中，無論是教育者還是學習者，在遇到問題時，首先需要從自身找原因，即「反求諸己」。他說：「禍福無不自己求之者，君子不怨天，不尤人。」又說：「愛人不親，反其仁；治人不治，反其智；禮人不答，反其敬；行有不得者皆反求諸己。」

作為培養人的人，教師首先要使自己成人。教師要有惻隱之心、羞惡之心、辭讓之心、是非之心，並積極踐行這些與生俱來的「善性」，使其光明敞亮，才可能培養出富有「善性」的學生。這要求教師要對學生有仁愛之心，平等對待學生，尊重學生的人格。他說：「君子以仁存心，以禮存心。仁者愛人，有禮者敬人。愛人者人恒愛之，敬人者人恒敬之。」（《孟子．離婁下》）又說：「恭者不侮人，儉者不奪人。」教師對學生的愛必須建立在尊重學生的基礎上，否則，可能成為反愛行為，對學生是一種災難，對教育也是一種災難，因為這種愛無法讓人成為人。正如孟子所言：「食而弗愛，豕交之也。愛而不敬，獸畜之也。恭敬者，幣之未將者也。恭敬而無實，君子不可虛拘。」（《孟子．盡心章句上》）

「貴師而重傳」的荀子

荀子在《荀子．大略》中說：「國將興，必貴師而重傳。」把對待教師的態度與國家興衰成敗聯繫在一起。這種表述可能與荀子的稷下學宮經歷有關。荀子曾是稷下學宮最受尊敬的教師，培養出韓非、李斯等學生，並三次出任稷下學宮的負責人，當時稱「祭酒」。荀子任職稷下學宮時，大批學者雲集於此，他們設教講學、著述立說、互相爭鳴，是稷下學宮比較輝煌的時期，也是齊國國力強盛的時期。學術繁榮、國家強盛，因此荀子有上述表述，而且將教師的地位與「天地君親」並列，他說：「天地者，生之本也；先祖者，類之本也；君師者，治之本也。無天地惡生？無先祖惡出？無君師惡治？」（《荀子．禮論》）

荀子（約前三一三－前二三八），名況，字卿，戰國後期趙國人，先秦思想的集大成者。荀子年輕時曾遊學於稷下學宮。稷下學宮是齊王辦理的兼有教育、學術與資政功能於一體的教育機構，由於齊王優待士人，吸引了大批學者。荀子曾長期在此講學、著述。荀子所處的時代，因長期戰亂，百姓流離失所，實現新的穩定統一的社會成為多數人的希望，荀子的思想和言論以及行為都帶有服務建立一個統一國家的願望，他的教育活動也服務於這一目標。

荀子認為，在諸侯紛爭時期，孟子的「性善論」不僅理論上缺乏依據，而且現實中也軟弱無力。在荀子看來，「性」就是一種原初的材質，沒有任何人為因素的介入，「性者，本始材樸也。」（《荀子．禮論》）人性也如此，就是一種先天的材質並由材質產生的本能反應，包括兩部分內容：一是飢而欲食、寒而欲暖、勞而欲息、趨利而避害的生理本能，二是眼可以看、耳可以聽的感知、認識能力。因此，不論是聖賢者還是愚笨者，人人都有且相同。

荀子為什麼會說「人之性惡」呢？這是因為，人的生理本能與感知、認識有向惡方向發展的傾向性。他說：「若夫目好色，耳好聽，口好味，心好利，骨體膚理好愉佚，是皆生於人之情性者也；感而自然，不待事而後生之者。」這些自然而然、先天就有的本能，如果不加限制，就會產生惡。「今人之性，生而好利焉，順是，故爭奪生而辭讓亡。」就是說，人的本能中沒有理智與道德，如果任其發展就會走向暴力。因此，荀子的性惡論不是說人性本身是惡的，而是有向惡的方向發展的傾向性。

為避免人性向惡的方向發展，必須經過後天努力，即「偽」——人為。他說：「凡性者，天之就也，不可學，不可事。禮儀者，聖人之所生也，人之所學而能，所事而成者也。不可學，不可事，而在人者，謂之性；可學而能，可事而成之在人者，謂之偽。」「偽」就是人為，泛指一切通過人為努力而使人去惡向善的變化。據此，荀子認為，孟子所謂的「性善」，不是人「性」本身，而是「偽」，是「性偽之合」。在荀子看來，性與偽就是材料與加工的關係：沒有材料，就無法加工紋飾；沒有加工紋飾，材料只能停留在原始材料的程度。只有材料與加工結合在一起——「性偽合」，才能實現對人的改造，實現對社會的改造。因此，教育的作用就是「化性起偽」，即通過後天努力使人性得以改變。

「化性起偽」的實現需要個人與教育、環境、政治之間形成合力。荀子說：「塗之人能為禹，未必然也。」禹是聖賢代表，人人成為像禹一樣的人是一種可能。這種可能的實現必須有後天努力和環境的作用，否則，就會出現像「小人可以為君子而不肯為君子」的現象。荀子對個人努力與教育作用滿懷樂觀：「我欲賤而貴，愚而智，貧而富，可乎？曰：其唯學乎！……上為聖人，下為士君子，孰禁我哉！」即通過個人努力和教育，可以使人性發生變化。當然，這種變化需要條件，好的環境與政策是主要條件。所謂「蓬生麻中，不扶自直」。有什麼樣的環境，就會產生什麼樣的習性，「長遷於善」，就能起到「不返其初」的效果。「政教習俗，相順而後行」，讓個人努力、教育、環境與政治之間形成合力，人即使成不了禹，成為君子應當不會太難。正如他所言，「學惡乎始？惡乎終？……其義則始乎為士，終乎為聖人。」

作為儒家學者，荀子從其人性論基礎和大一統的政治理想出發，主張培養能夠推行禮法的「賢能之士」。荀子依據當時儒者的情況，將其劃分為大儒、雅儒、俗儒三類。大儒不僅有廣博知識，而且能以已知推知未知，能預測未來發展趨勢，因而能自如應對未曾見過的新事物、新問題，能夠治理好國家。雅儒熟悉已存典籍，能使自己的言行合乎禮儀規範要求，有自知之明而不自欺欺人，因而顯得光明坦蕩。俗儒僅僅披着儒者的外衣，死記硬背已存經典而不知如何去應用，只能以諂諛、巴結的形式為自己謀取好處，而不顧他人與社會。荀子的教育目的在於培養大儒而非雅儒或俗儒。他認為這樣的人通過教育可以培養出來，「雖庶人之子孫也，積文學，正身行，能屬於禮義，則歸之卿相士大夫」。由於荀子持性惡論觀點，教育中不僅注重誦經讀禮，在方法上也注重「外鑠」——規範。他認為儒家經書在這方面有着不可替代的作用。在他看來，《書》是政事之紀，《詩》為中聲所止，《禮》為法之大分、類之綱紀。因此，《禮》不僅是教育內容，也是教育管理的措施。

正是因為《禮》重要，《禮》需師傳，荀子要求尊禮貴師。他說：「言而不稱師，謂之畔；教而不稱師，謂之倍。倍畔之人，明君不內，朝士大夫遇諸塗不與言。」在荀子看來，教師是禮的化身與代言人，作為學生，必須尊重教師，並有「學莫便乎近其人」、「學之經莫速乎好其人」（《荀子．勸學》）之議。當然，學生學習不是被動吸收、一味沿襲，而是要有「青出於藍而勝於藍」的志向，否則，「人皆可為禹」就失去可能。同樣，作為教師，也要善於學習，心胸豁達，教師要「學問不厭，好士不倦」（《荀子．大略》）。如果教師不稱職，不能踐行禮並按禮的規範行事，則失去作教師的資格。這樣的教師不僅不值得尊重，而且還要予以抵制。他說：「非我而當者，吾師也；是我而當者，吾友也；諂諛我者，吾賊也。故君子隆師而親友，以致惡其賊。」（《荀子．修身》）

「簡練於學，成熟於師」的王充

「夫人之不學，猶穀未成粟，米未為飯也。……學士簡練於學，成熟於師，身之有益，猶穀成飯，食之生肌腴也。」在《論衡·量知》中，王充將未學之人比喻為沒有磨成米的穀、沒有做成飯的米，學習者要學問上下工夫，在教師的指導下逐漸成熟起來，才會變得對自己和社會有益，這就如同最終把穀物做成飯、吃了之後能長出豐腴的肉一樣。如同《論衡》（意指論其是非、辨其真偽）一書的標題一樣，王充以其具有鮮明的批評精神而不同於其前輩、同輩以及後輩，在中國教育史上具有顯得尤為突出，被章太炎譽為「漢代一人」。

王充（二五—約一〇〇），字仲仁，東漢會稽上虞（今浙江上虞）人，東漢時期著名哲學家和教育家。他出身於衰敗中的農人兼商販家庭。但是，這沒有成為王充實現其求學志向的障礙。王充在《自紀》中說：充少「有巨人（大丈夫）之志，父未嘗笞，母未嘗非，閭里未嘗讓（譴責）」。在其他小孩熱衷掩雀捕蟬等遊戲時，王充卻希望自己能成為大丈夫而有所作為。他六歲開始讀書寫字，八歲入學館學習，能日誦千字。此後，居家研習儒家典籍。成年後，赴東都洛陽，入太學，訪名儒，閱百家之書，眼界大開，學問大進。因太學受今文經學的影響，流行章句之學，傳經注重家法師承，且盛行圖讖迷信，不僅內容空虛，而且方法僵化，不肯固守師法家法、厭棄章句之學的王充，拜班彪等為師，學習被視為經世致用的「古文經學」。因無錢購書，王充經常到書肆讀書。他記憶力強，過目不忘，竟然博通了「眾流百家之言」。王充離開太學後，兩次出任地方小官，卻因為人耿直，不願趨炎附勢，最終辭職歸家，一邊教學，一邊研究學問，將一生的大部分時間用於教學、思考與寫作中。王充著作頗豐，流傳至今的卻只有《論衡》。

與當時流行和迷信的神學化的儒學不同，王充學百家之學，其觀點與主流觀點大為不同。他吸收道家學說，認為天地都是自然的實質實體，沒有意志。人不能用自己的行動感動天，天也不能用自己的意志支配人。萬物都是由「元氣」構成的，人也一樣，皇帝與百姓都由元氣構成，沒有本質差別。對於當時流行的人死後靈魂不死的說法，王充認為，靈魂就是精神，精神依賴於形體存在，並隨形體的狀態發生變化。身體強壯時，精神就飽滿；身體有疾病時，精神就衰弱；人死了，精神也就消散了。這種主張與當時流行的觀點形成鮮明對照，被正統的儒家學者視為異端而遭到排斥。王充不僅反對讖緯迷信，還反對迷信前人及其著作，他甚至寫出了《問孔》《刺孟》等文章，對《論語》與《孟子》中的一些觀點進行了質疑和批判，成為當時的驚世駭俗之舉。不僅是在先秦，這種情況，在整個教育史上也是少見的。

王充之所以反對迷信，一則因為在他看來，前人觀點中存在問題，需要對其批判；二則因為教育的作用太大，需要對教育保持敬畏，使教育成為教育。在王充看來，對於個人，教育可以讓人性發生變化。他說：「人之善惡，共一元氣；氣有多少，故性有賢愚。」就是說，人性的構成是一樣的，都是「元氣」；有人稟賦的元氣多、純，就趨善，有人稟賦的元氣少、濁，就趨惡。但是，這種善與惡不是固定不變而是可以變化的。「人之性，善可變為惡，惡可變為善。」其中起關鍵作用的就是教育。而且，在王充看來，教育對人的作用還不止於此。教育還是讓人成為人的一種活動。人生來「稟五常之性」，有心智能力，這是人區別並高明於其他事物的根本所在：「倮蟲三百，人為之長；天地之性，人為貴。貴其識知也。」就是說，具有「識知」器官並能夠「識知」萬物，是人與動物的根本區別。如果人放棄了這些器官的作用，「閉暗脂塞，無所好欲」，就與一般動物沒有區別了。而「聖賢言行，竹帛所傳，練人之心，聰人之知」。就是說聖賢的言論是輔助人成為人的重要載體，對於這種載體要重視，卻不能迷信，因為聖賢也可能出現錯誤。一旦聖賢的言論出現錯誤，就會使人在成人的道路上走偏。教育對個人作用如此，對社會的作用也如此，因為社會是由個人構成的，「人有知學，則有力矣」，「有力」之人可構成「有力」的社會，「大才懷百家之言，故能治百族之亂」。

教育作用至大，接受教育的人卻比較少；而且，受教育的人中，接受教育的程度也不同。面對現實，王充提出了不同的培養目標。首先是鴻儒，鴻儒能夠著述立說，「靜思著文，連結篇章」，能夠創造新知識，「興論立說」，為未來指明方向。其次是文人，文人知識淵博，能夠融會貫通各種知識，能將所學知識付諸實施並能建議評判。第三是通人，通人掌握大量的書本知識，但難以將書本知識付諸實踐。第四是儒生，儒生僅掌握儒家經書中的一種，隨以教學為職責，卻不博古也不通今。最後是文吏，雖然受過識字教育，卻不知仁義之意，依靠權勢入仕成吏。當然，對於王充而言，最好能讓受教育者成為鴻儒，這樣人要具有廣博的知識，不是靠幾本儒家典籍能夠可以培養出來的，前人積澱的所有知識都需要學習。

對於學習，王充提出富有見地的觀點。他從當時人迷信聖賢、迷信書本的現實出發，提出要將學習與見聞結合起來。以學習獲得舊知識，以見聞獲得新知識。不僅如此，學習還要與思考、行動結合起來。他認為聖賢之書也有很多謬誤，這種謬誤不僅對人的成長不利，而且對社會也不利。因此，學習必須與思考、實踐結合起來。學習與思考結合，是對學習內容進行辨析，不可盲從；學習與實踐結合，是通過實踐檢驗所學知識是否正確，也就是王充所說的：「事莫明於有效，莫定於有證。」

王充充滿批判精神。他的批判精神集中體現在反對迷信、反對盲從上。在他看來，要獲得真正的知識，必須打破迷信教師、迷信書本的心理。他說：「學問之法，不唯無才，難於距師，核道實義，證定是非也。」（《論衡．問孔》）就是說，在學習過程中，學生容易形成迷信教師的心理，一旦這種情況出現，「是非」就被放到了一邊，教育就背離了自己的本意。為了說明這一點，他專著《問孔》《刺孟》，對被視為「聖人」與「亞聖」的學問進行了辨析和質疑。在他看來這才是真正的治學態度，才是對前人的真正尊重。「追難孔子，何傷於義？」「伐孔子之說，何逆於理？」為此，王充主張在教育教學過程中，師生之間要互相問難，培養良好的學習氛圍，激發教者與學者積極思考，用他的話說，就是「師弟子相訶難」，「激而深切，觸而箸明」。

「傳道授業解惑」的韓愈

在《師說》一文中，韓愈暢言教師為何以及教師何為。他說：「古之學者必有師。師者，所以傳道授業解惑也。」這不僅是韓愈對教師工作性質的一個基本判定，也成為對教師的基本定位被後來者所推崇。韓愈之所以重視教師並專著《師說》一文，是鑒於當時社會不重道、不尊師的現實。在他看來，「道」在個人、家庭、社會中起着重要作用，教師是道的載體與踐行者。但是，當時的現實卻是：「師道之不傳也久矣！欲人之無惑也難矣！」正是有此認識與判斷，韓愈發出尊師重道的倡議。韓愈三次出任唐代官學的博士官，積極踐行他在《師說》中對教師的定位。

韓愈（七六八—八二四），字退之，唐河內河陽（今河南孟縣）人，自號昌黎，世稱韓昌黎，著名文學家和教育家。韓愈三歲喪父，由兄嫂撫養成人，雖然家貧卻有讀書經世的志向，刻苦好學。《新唐書·韓愈傳》記載，他「日記數千百言。比長，盡能通六經、百家學」。與同時代的多數讀書人一樣，懷抱經世之志的韓愈，前半生競奔在科舉路上。二十歲赴長安考進士，三次不中；二十五歲考中進士，卻又三試博學鴻詞科不中，被派到地方任職。因性格耿直且敢言，被調充四門博士。因學識高遠、教學得法，三十六歲出任監察御史。因天旱人飢，上書請求減免賦稅，被貶為陽山令。唐憲宗北歸時，又轉任國子博士。五十歲後，因征討吳元濟有功，出任刑部侍郎；卻因抵制迎佛骨，被貶為潮州刺史。短暫被貶後返回朝中，歷任國子祭酒、兵部侍郎、禮部侍郎等職，屬於中國古代教育史上官職較高的教育家。

韓愈好學，所學多為儒家典籍。加之他的叔父與兄長都有復古傾向，直接影響到韓愈復古思想的形成。他將恢復儒家道統作為學術與經世的目標。所謂道統，就是要宣傳孔孟之道，行博愛之仁、恰宜之義，使「鰥寡孤獨廢疾者皆有所養」。他認為這是從三代以來傳承不息的道統，他應該承擔這種職責。

作為教師的韓愈重視教育和學習的作用。他認為人之為人以及導致人與人之間的差異的關鍵性因素就是教育。他在《符讀書城南》的詩中說：「人之能為人，由腹有詩書。」又說：「詩書勤乃有，不勤腹空虛。欲知學之力，賢愚同一初。由其不能學，所入遂異閭。」就是說，人生來大致相差不遠，但是，隨着年齡增長差異逐漸明顯，有人可能扶搖直上，有人可能混跡江湖；有人貴為王侯，有人執鞭隨蹬。在韓愈看來，導致這種結果出現的根本原因就是「學與不學」。但是，無論是教育還是學習，都需要有對象。在韓愈看來，教育和學習，都需以「修先王之道」為根本，以「讀六藝之文」（即《詩》、《書》、《易》、《禮》、《春秋》、《樂》）為途徑。他反對學習佛教和道教內容，認為它們是社會禍亂的根源，不僅破壞了仁義道德，而且破壞綱常名教。因此，教育與學習對象，需要以儒家典籍為準。「讀書以為學，纘言以為文，非以誇多而鬥靡也。蓋學所以為道，文所以為理耳。」

在如何學習儒家典籍方面，韓愈提出了諸多有見地的觀點。首先是勤學。他說：「詩書勤乃有，不勤腹空虛。」就是說，讀書要勤，他還以自己的經歷說道要利用一切時間讀書，「口不絕吟於六藝之文，手不停披於百家之編」。在他看來，一切知識的獲得都需以勤學為前提。其次是博學。他說：「讀書患不多。」除了六藝之文要讀，其他書籍也要廣泛閱讀，「窮究於經傳史記、百家之說」。只有廣泛閱讀，才能開闊視野、擴大知識面。再次是積極思考。韓愈反對對六藝之文、百家之說食而不化，要將讀書與思考結合起來，要「誦其文，則思其意」，需目視、誦讀、思考合一，才可能取得效果。最後是行動。學習的最終目的是付諸實施，踐行既是對知識的應用，也是檢驗知識的途徑。所謂「業精於勤荒於嬉，行成於思毀於隨」，就是要講勤學、思考與行動結合起來並成為習慣。他在《贈別元十八協律六首》的第四首中講道：「讀書患不多，思義患不明。患足己不學，既學患不行。於今四美具，實大華亦榮。」他將讀、思、學、行稱之為學生應該具備的四種美。

韓愈從復興儒學的立場出發，針對當時不重視儒家之道、不尊儒師的現實，專門寫成《師說》一文，提倡尊師重道。他結合自己經歷與學習所得指出：沒有誰是生來就知，知識的獲得是後天努力的結果。他認為：「人非生而知之者」，並以大量事例指出「學者必有師」的事實。韓愈主張勤學、博學，但是，在以文獻知識作為學習對象的唐代，沒有教師的指導，閱讀文獻乃至認識文獻中的字詞句都有一定難度。因此，學習過程中需要教師參與其中。教師的主要職責就是「傳道授業解惑」。所謂「傳道」，就是傳播儒家的仁義之道，達到治國平天下的目的。所謂「授業」，就是講授儒家「六藝經傳」和古文。所謂「解惑」，就是解決在「傳道」、「授業」中出現的疑難問題。在三者關係上，「傳道」是根本，「授業」是渠道，「解惑」是方式。依據教師的職責，韓愈提出以「道」為求師的標準，要「學無常師」。他說：「道之所存，師之所存也。」就是說，道是根本，師是輔助；凡有道，就可成為教師。誰有道，就具備傳道的條件，就可以成為教師，而不論年齡、貧富、貴賤。因此，學習應該無常師。在師生關係上，韓愈相當民主。他繼承孔子「後生可畏，焉知來者不如今」的思想，提出「弟子不必不如師，師不必賢於弟子」的觀點。因為，在他看來「聞道有先後，術業有專攻」，每個人都有自己的優勢和特長，應該互相學習，共同進步，這才是為師之道。面對社會恥學於師的現實，韓愈認為是因教師沒有起到應有職責的結果。因為大量僅知「習其句讀」而不知「傳道授業解惑」者在從事着教師的工作。這樣的人，固然不會起到「傳道」作用，更不會贏得他人的尊重。

「存天理，滅人欲」的朱熹

朱熹在《朱子語類》中說：「人之一心，天理存，則人欲亡；人欲勝，則天理滅，未有天理人欲夾雜者。」又說：「學者須是革盡人欲，復盡天理，方始是學。」「聖人千言萬語只是教人存天理，滅人欲。」作為理學集大成者、南宋最負盛名的教育家，朱熹長期執教，培養了大批人才，對書院發展以及教育思想的貢獻頗多。

朱熹（一一三〇—一二〇〇），字元晦，號晦庵，祖籍江西婺源，出生於福建南平，南宋時期的教育家、哲學家。朱熹出生於地主官僚家庭，自幼聰穎過人，從小接受良好教育。朱熹四歲時，一天父親指着天空對他說：「這是天。」他接着問：「天的上面是什麼東西？」讓他的父親很驚異。八歲時，朱熹在所讀的《孝經》上寫下「不若是，非人也」（不這樣去做，就不能算是人）的字句。據傳，處於兒童階段的朱熹就開始畫複雜的周易八卦圖。十四歲時，因父親去世而生活窘迫，朱熹投靠父親的友人劉子羽繼續學習，十八歲中舉人，十九歲中進士，步入仕途。但是，朱熹一生的大部分時間都在從事教育工作，長達四十年之久，培養出大批人才。在教學過程中，朱熹以孔孟之道為根本，吸收並改造兩宋時期形成的理學思想，終成理學思想的集大成者。

朱熹把人看作天地間萬物之靈，重視人的主體價值。他繼承並發揚了孔子的仁學和孟子的「民為貴」思想，每到一處做官，都體恤民情，修荒政、除蝗災、興水利、減雜稅，做對老百姓有益的事。在教育過程中，他貫徹「存天理，滅人欲」的教育思想。朱熹認為人性就是「理」，「性者只是理，以其在人所稟，故謂之性」。「性者人之所受乎天者，其體則不過仁義禮智之理而已。」也就是說「性即理」，是天賦的，具體內容就是儒家一直提倡的仁、義、禮、智。但是，為何會出現各種不同的人性呢？朱熹吸收張載、程顥的觀點，把人性分為「天命之性」和「氣質之性」。「天命之性」就是「理」，是稟承天理而來，至純至善；「氣質之性」由「理」與「氣」相較而成，因氣有清濁之分，導致「氣質之性」善惡並存。如果所稟之氣為「清且純者」，就會出現「氣與理一」的情況，表現為至善；如果所稟之氣為混且濁者，則氣與理不一，表現為惡。基於這種認識，他將教育的作用定位成「變化氣質」，發揚「氣質之性」中的善而祛除其中的惡，也就是「存天理，滅人欲」，由於天理與人欲是對立的，教育要幫助人「復盡天理，革盡人欲」。但是，朱熹所謂的人欲，不是指人的正常欲望，「飲食者，天理也；要求美味，人欲也。」也就是說「人欲中自有天理」。所以，「革盡人欲」不是革除人的一切欲望，而是革掉不正當、過分的欲望，或者說是貪欲。因為貪欲可以吞噬天理，使人稟賦的善性喪失殆盡。教育的作用就是要幫助人「去其氣質之偏、物欲之蔽，以復其性、以盡人倫而後已焉」。也就是擺脫欲望對人的控制，將人從欲望中解放出來，使人不斷趨於至善。

據此，朱熹認為教育是為人服務的。他對當時教授學生詞章、幫助學生獲得功名利祿的做法進行了批判。他認為，那種做法不僅反人性，而且是反傳統的。「古昔聖賢所以教人為學之意，莫非使之講明義理以修其身，然後推己及人。」但是，當時的學校卻反其道而行之，「所以求於書，不越乎記誦、訓詁、文辭之間，以釣名聲、幹利祿而言」。這種情況，在朱熹看來，無異於一種反教育行為，「忘本逐利，懷利去義」，以至於「風俗日蔽，人材日衰」。

為了改變這種狀況，朱熹將教育分為「小學」與「大學」兩個階段。「小學」階段是八至十五歲，是打基礎階段，培養「聖賢坯璞」。由於小學階段兒童智識未開，應該學些力所能及的小事，諸如灑掃、應對、進退之節以及愛親、敬長、隆師、親友之道。當然，如果行有餘力，禮樂射御書數之類也可以學。對於小學教育要及早進行，要以兒童能夠接受並喜歡的方式進行，要養成良好的學習與生活習慣。大學教育從十五歲開始，是在小學基礎上的深化，要讓學生知曉修身、齊家、治國、平天下的原因，能夠為朝廷所用。與小學階段側重實際鍛煉不同，大學教育要培養學生的自學能力。「書用你自去讀，道理用你自去究索，某只是做得個引路底人，做得個證明底人，有疑難處同商量而已。」（《朱子語類輯略》）

學生求學都有一定的原則需要遵守。首先是立志，要立大志。他說，為學功夫，「專在人自立志」，要立做像堯舜那樣人的志向，「學者大要立志，才學便要做聖人。」其次是居敬，即認真謹慎、專心致志。朱熹認為這是「聖門第一義，徹頭徹尾，不可頃刻間斷」，要做到「內無妄念」「外無罔思」，因此，「居敬」是「存天理，滅人欲」的重要方式。在居敬的同時，還需「存心養性」，發揚善性。除了這些功夫之外，學習者還需經常反省自己，及早發現不良苗頭；對於已經發生的不良念頭與行為，要及時糾正。最後是力行，就是將自己的學習所得付諸實行。朱熹給力行以高度重視，認為這既是檢驗學習成效的一種方式，也是求知的一種方式，「學問豈以他求，不過欲明此理，而力行之耳」。

「順導志意，調理性情」的王守仁

王守仁（一四七二—一五二八），是明中葉著名哲學家、教育家。他生活在明王朝由穩定轉入衰落、動盪的年代，也是被奉為官方思想的程朱理學日益僵化的時期。王守仁繼承和發揚了南宋哲學家、教育家陸九淵的哲學和教育思想，建立了與程朱理學相抗衡的「心學」哲學思想和教育體系，對中國傳統社會後期以及近代教育思想均產生了重要影響。他的兒童教育思想，反映出他教育思想中的自然主義傾向，早在十五六世紀就提出這一思想，確實難能可貴，這也是他教育思想中最有價值的部分之一。

王守仁，字伯安，號陽明，浙江餘姚人。死後謚「文成」，後世稱王文成公。《明史．王守仁傳》記載，王守仁五歲才說話，淘氣不愛讀書，喜歡玩遊戲。成化十八年（一四八二），他十歲時，父親高中狀元，王陽明隨父赴京。路過金山寺時，他父親與朋友聚會，在酒宴上有人提議做詩詠金山寺，大家還在苦思冥想，王陽明已先一步完成：「金山一點大如拳，打破維揚水底天。醉倚妙高臺上月，玉蕭吹徹洞龍眠。」四座無不驚歎，又讓他做一首賦蔽月山房詩，王陽明隨口誦出：「山近月遠覺月小，便道此山大於月。若人有眼大如天，還見山小月更闊。」這意思是看事物的角度不同，看出來的東西也不一樣。到京師後，在京師念書時，他問塾師：「何謂第一等事？」老師說：「只有讀書獲取科舉名第。」他卻說：「第一等事恐怕不是讀書登第，應該是讀書學做聖賢。」可見年輕時王守仁就有了遠大的志向和抱負。

王守仁重視教育工作，曾建龍崗書院，主講文明書院，修復濂溪書院及白鹿洞書院，還利用行政權發佈告諭，制定鄉約，開辦社學，實施鄉村教化工作。

王守仁繼承和發揮了孟子「萬物皆備於我」的思想，以為宇宙萬物都靠「心」的感知和認知而存在；一切均在於心內，不在心外。教育的作用是「致良知」：「致」即推及、恢復、實行和到達之義；「良知」本出於《孟子》，孟子的「性善論」決定「良知」為人們所「不學而能」「不慮而知」的天賦道德意識。王守仁將孟子的思想加以發揮，在「良知」和「天理」之間劃上等號。「致吾心良知之天理於事事物物，則事事物物皆得其理矣。」（《答顧東橋書》）人們只要除去私欲蒙蔽，依照「良知」做事，行為便自自然然合乎道德標準。只要在「良知」「天理」或

「心」上用功，必然「萬理燦然」（《傳習錄》）。王守仁「致良知」的重要特徵是「內求」，靜坐澄心或自我體認。教育的作用不是擴充知識，而是「日減人欲」。在他看來，「減得一分人欲，便復得一分天理」。所以教育的作用就是通過「不假外求」的發明本心的方法，克服私欲，減少人欲。王守仁將教育目標定為教人學做聖人。

在中國傳統教育中，兒童更多地被看成是「成人」，教育教學單調枯燥呆板，脫離兒童實際生活，更束縛兒童天性。王守仁批判這種兒童教育，認為兒童期是人生的特殊發展時期，是幼苗萌芽的時期，有很大的教育潛能。他針對當時的兒童教育提出了自己的教育主張。

一、「栽培涵養」的教育方法

他認為教育要根據兒童的年齡與心理特徵進行，要符合兒童成長發展的規律，因勢利導。兒童的性情總是「樂嬉遊而憚拘檢，如草木之始萌芽，舒暢之則條達，摧撓之則衰痿」。從這個特點出發，「誘之歌詩以發其志意，導之習禮以肅其威儀，諷之讀書以開其知覺」，以誘導、啟發、諷勸的方法，代替「督」「責」「罰」的方法，「必使其趨向鼓舞，中心喜悅，則其進自不能已，譬之時雨春風，沾被卉木，莫不萌動發越，自然日長月化」，使兒童「樂習不倦，無暇及於邪僻」（《傳習錄》）。他注意到學習興趣對兒童的重要作用，好的教育方法能使兒童感到鼓舞和喜悅，相反，不顧兒童學習興趣的教學方法和內容，就會使兒童的身心受到傷害，正如冰霜會使花木凋謝枯萎一樣。另外，王守仁安排的兒童每日功課表中也體現出這種順應性情、適應天性的教育思想。「每日工夫，先考德，次背書誦書，次習禮，或做課仿，次複誦書，講書，次歌詩。」（《傳習錄中．教約》）上午兒童頭腦清醒精力旺盛，安排在此時讀書注意力較為集中，容易進入；午前習禮，在讀書略有倦意之時的午前，起而習禮，周旋揖讓的活動或習字、作文的過程之中還能收到舒展筋骨、激發思維的功效。而且習禮與課仿是間隔一日交叉進行，這是較為合理與科學的。中午休息之後，精力又顯充沛，於是又由老師在兒童注意集中之時開始講書，等其又顯疲勞之後，最後一節課讓兒童自行歌詩。另外，在教學方法上，也充分考慮到兒童的特點，採取「會歌」「會禮」等方法，充分調動兒童興趣和天性。王守仁充分地意識到各門學科的內容與性質和兒童的性情、興趣、注意力等心理因素的相關性，主動地做到調動各種積極因素，使兒童「其進自不能已」。

二、因材施教，循序漸進

王守仁認為，人的個性不同，因而教育要根據學生個性差異，分別給予適當的引導，「聖賢教人如醫用藥，皆因病立方，酌其虛實溫涼陰陽內外，而時時予以加減之，要在去病，初無固定說」（《傳習錄》）。一位好教師應根據學生不同質素、才能、智力發展水平等特點，採取不同的方法進行教學。他還提出「與人論學，亦須隨人分限所及」。「分限」指的是兒童智力發展所達到的水平，教學要考慮兒童不斷變化的生理和心理特點，「我輩致知，只是各隨分限所及。今日良知見在如此，只隨今日所知擴充到底；明日良知又有開悟，但從明日所知擴充到底。如此方是精一功夫」。人皆有良知，但資質不同，教導兒童如同種樹，只能隨其大小而適量澆水，否則不僅不能培養其成長，反而要浸壞它。因此他在指導兒童讀書時，指出「凡授書，不在徒多，但貴精熟；量其資稟，能二百字者止可授以一百字，常使精神力量有餘，則無厭苦之患，而有自得之美」。授書要量力而教，如果教授的內容超過學生的接受能力，不僅增加學生負擔，還會使學生視學習為苦事，也會影響學生對知識的理解和掌握。

三、充分發揮各學科的教育作用

在教學內容的選擇上，王守仁認為要克服只知教學童「句讀課仿」的單調的教學內容，主張「歌詩」、「習禮」、「讀書」相結合，發揮各學科多方面的教育功能，不但使他們增長知識，還要起到陶冶情操、培養道德意志的作用。

對於「歌詩」的教育作用，他說，誘導學童「歌詩」，不僅在於激發他們的意志和志向，還有利於兒童適度地表達感情，將兒童跳號呼嘯等太過的感情表達轉化成詠歌，將幽抑結滯的憂鬱感情引向音律，起到調節兒童精神的作用。

對於「習禮」的教育作用，他說引導兒童學習禮儀，不僅是兒童能學習道德禮儀規範，養成禮貌習慣，還要通過「周旋揖讓」的習禮動作，達到鍛煉身體、強健體魄、有利於兒童身體發育的作用。

對於「讀書」的教育作用，他說，教兒童讀書，不僅為了開發智力，增長知識，還在於起到存養心性、增強道德意識和培養品德意志的作用。

王守仁講學二十多年，門人弟子遍佈各地，載入黃宗羲《明儒學案》中的有六十七人。王守仁死後，他的弟子們繼承了他的講學傳統，立書院、開講會，傳播和發揮王守仁的學說，形成一種潮流。王守仁的兒童教育理論和見解，符合兒童心理的發展規律，對今天的教育實踐仍有其借鑒價值，值得珍視和深入探討。

「正言」「正行」「正教」的王夫之

「師弟子者以道相交而為人倫之一……故言必正言，行必正行，教必正教，相扶以正。」在《四書訓義》中，王夫之如此界定師生應遵循之道及應所為之事，即教師的教與學生的學都需以「道」為中心，為了保證這一點能夠實現，師生雙方都以正言、正行、正教來規範自己。王夫之將這一點上升為基本的人倫之一，並要求教師「必恒其教事」。這既是他對自己的要求，也是他對其他教師與學生的期望。「六經責我開生面，七尺從天乞活埋。」生活在明末清初的王夫之，面對國破家亡的現實，積極踐行他自己的諾言。

王夫之（一六一九—一六九二），字而農，號薑齋，湖南衡陽人。晚年隱居在石船山，被稱為船山先生。王夫之出身於知識份子家庭，從小「穎悟過人」，四歲入私塾，七歲讀完了「十三經」，獲得「神童」名號。十歲隨父親讀「五經」經義，廣泛閱讀古代經史子集著作。十四歲考中秀才，十五歲參加武昌鄉試未中，回縣繼續學習。十六歲開始學習四聲音韻之學，隨後參加鄉試又未考中。二十四歲時考中舉人。但是，在農民起義與清軍雙重打擊下，明王朝已病入膏肓，會試無從顧及，王夫之只好從中途折回湖南老家。不久，李自成進入北京城，隨後清軍佔領北京。父兄和妻子相繼去世，王夫之投入抗擊清軍的義軍之中，終因寡不敵眾，戰敗軍潰，投奔南明永曆小朝廷，卻因權貴迫害，「退伏幽棲」，開始教學授徒和學術研究工作，長達四十年之久。因不肯屈服清政府的統治，被迫在條件極為艱苦的山野之中講學，就是在這種情況下，王夫之邊教學邊著述，留下八百萬言的著述，成為明清之際偉大的教育家和思想家。

王夫之從總結明王朝滅亡的教訓中深刻認識到教育的作用。他提出教育是治國之本的主張，這種主張既來自他對歷史的了解，更來自明王朝滅亡現實的呈現。他說：「王者之治天下，不外政教之二端。語其本末，則教本也，政末也。」他認為，二千餘年的國家興亡史，實際上就是政治與教育之間的關係史，這種關係處理得好，國家就安定富強；反之，就內憂外患接踵而來，亡國之日不遠矣。論輕重，政治以「文教為本」；論先後，則「政立而後教可施」。但是，明代是很重視教育的，何以國家積貧積弱呢？王夫之認為這是因為教育空疏無用所致，「理學」與「心學」盛行，而「新學」與「實學」、「信從者寡」，致使學校雖存而培養出來的人多是無益於世的庸才廢物。教育名存實亡，到了國家危亡之時，讀書、做官之人還在空談心性，卻不能扶危濟難，結果錦繡河山讓滿清貴族垂手而得。明王朝滅亡，教育應該負有重大責任。在教育對人的作用上，王夫之認為教育可以更新人性。在他看來，人性不但不是固定不變的，而且還時時處在變化之中，人性不是來自先天，而是在後天不斷生長變化中形成的。王夫之提出教育在人的發展中的作用體現在兩個方面：第一，繼善成性，使之為善，即以善言、善行教育學生，使學生的善性不斷積累；第二，改過遷善，改變學生因失教而產生的惡習。

從上述認識出發，王夫之對明代教育進行了深刻反省與批判。他認為，程朱理學的盛行，首先禁錮了讀書人的聰明才智，「蝕其心思」，進而抑制了整個民族的能力，陷入積貧積弱的惡性循環中。利用功名利祿，教育把學生「錮蔽於腐詩文中」不能自拔，追名逐利，鼠目寸光，造成惡劣的學風。為謀求富貴利祿，學習者終日揣摩八股空文，不務實事，麻木不仁，最終成為無心、無耳、無目、無口的俗儒和勢利小人，禍國殃民。這些無恥之徒，在窮困之時，以教育禁錮他人子弟；顯達時，以權勢而誤導國家。在王夫之看來，這些人、這種教育正是國家滅亡的根本原因。「師道賤，而教無術」，以「教無術」之人教育出來的人充任國家權臣和各級政府官吏，是國家的巨大禍患，「貽禍無窮」。

在批判的基礎上，王夫之提出國家教育的弊病的根源在於政治，因而提出如下建議：首先，國家教育權力應當掌握在「以公天下之心」的人手裏，不能讓利益集團掌控。學校是取捨人才的場所，而管理學校的大權旁落於閹黨，勢必「機變日增而材能日減」。其次，教育要學用結合，教育內容要徹底擺脫程朱陸王之學和八股時文牽制，回歸到經世致用的軌道上來，通過實學教育培養出實用人才。最後，教育內容要文武並重，既教之以文，又教之以戰。讀書人既能作學者，又能事農工商。

鑒於明朝教育空疏引發國家滅亡的教訓，王夫之以開《六經》為生面、「勸進學於來茲」為己任。他一邊教學，一邊著述，先後完成了《周易外傳》、《老子衍》、《莊子通》、《讀四書大全說》、《思問錄》、《張子正蒙注》、《讀通鑒論》等一百三十多種、八百多萬字的著作。他的著作也就成了教育內容，如《禮記章句》、《周易內傳》、《春秋家說》、《四書訓義》等見解獨到的著作，都曾是他的講義。對於以往教學資料，王夫之經過辨析、批判後再講給學生，並將這種方法教給學生，不迷信和盲從前人，在批判中繼承與發展，創立有生命力的新學說，服務於自己發展與他人學習，更服務國家的強大。王夫之總是以審慎的批判精神，經自己理解後再教給學生。他自己不迷信古人，而且還教導學生不要泥古，更不要死記前人章句。他認為各家學說要通過分析與比較，然後才有所鑒別。在教學過程中他經常為學生剖析學術源流，從而使學生明白各家學術要旨。他特別指出要辯明朱陸異同、儒佛道三家旨趣和心學的謬誤，發揚傳統文化中優秀的部分，揚棄糟粕的東西，要使學生在批判繼承中去發展、創立新的學說，開創學術新局面。

王夫之給教育教學以高度重視。他視教育為「濯愚」「啟智」活動，對學生充滿關愛，以自己的行動帶動學生的行動。他說：「施者不吝施，受者樂得其受。」又說：「善教者必有善學者，而後其教之益大。」王夫之認識到學生之間有差異，他的教學方法因人而異，「君子之教因人而進之，有不齊之訓焉」。方法不同，但目的一致，都在於經世致用。在教學程序上，王夫之將它分為五個階段。第一階段教授灑掃應對等小事，第二階段教授灑掃應對之事理，第三階段教授正心、誠意、修身、齊家、治國、平天下等大事，第四階段教授正心、誠意、修身、齊家、治國、平天下等大理，第五階段教授大小事理的綜合與運用，能夠輔助實踐。

出於對教育作用的認識，王夫之認為教師責任重大，必須謹慎從事自己的工作。他認識到由於明王朝教師的不合格，引發教育的不合格，最終導致國家滅亡的悲劇。因此，他指出，「明人者先自明」，即教育他人的自己先要明白，否則是自欺欺人。他說：「欲使人能悉知之，能決信之，能率行之，必昭昭然知其當然，知其所以然，由來不昧而條理不迷。」如教人者自己懵懵懂懂，不知大綱，不明大要，其結果只能讓學習者愈學愈迷糊。當然，熟悉並深刻體會到空疏無用教育所引發的結果，王夫之指出，作為教師必須言正言，行正行，教正教。在他看來，實言、實行、實教才是教師應該教給學生的，即關於經世致用的實學，才是教師應該言、應該行、應該教的內容。而且，教師要堅持不懈地如此言、行、教，他說：「講習君子，必恒其教事。」

源遠流長的學校教育制度

引言

自有人類便有教育，可以說，教育的歷史與人類的歷史一樣漫長。學校教育則是人類社會發展到一定階段的產物，是狹義的專門的教育。據史料記載，中國早在殷商時期就已產生學校。西周時期，學校教育制度已經初具規模。中國源遠流長的學校教育制度包括官學制度、私學制度和書院制度。

官學制度

在中國學校教育制度中，官學制度產生最早。它萌芽發端於奴隸社會，歷經整個封建社會。

一、官學是如何產生的？

官學分為中央官學和地方官學。中央官學由國家舉辦，經費開支出自中央財政，學生待遇優厚。例如，「太學」作為漢代「中央官學」的主體，是國家的最高學府和全國學校的典範，其太學生享有免除徭役賦稅的權利，無需繳納學費；明代的「國子監」不但供給監生廩膳，並按季節發給衣服、被褥、冠履；每逢節令，必有賞給；而且，已婚者養其妻室兒女，未婚者賜錢婚聘；監生省親回籍，賜衣、賜金作為川資。「地方官學」一般由各級地方政府舉辦，主要有府學、州學、縣學等，但也多不收取學費。例如，明代的「地方官學」對廩生免除學費，並給予廩膳補助，只對「計劃外」的增廣生和附生收取很少學費。

中國古代的學校名稱各異，有庠、序、校、學、塾、成均、明堂、辟雍、泮宮、靈台等。《孟子．滕文公上》記載：「設為庠序學校以教之。庠者，養也；校者，教也；序者，射也。夏曰校，殷曰序，周曰庠；學者三代共之，皆所以明人倫也。」也就是說，中國古代的學校名稱並不是「學校」。學校是有計劃、有組織、有系統地進行教育教學活動的專門場所。那麼，學校是在什麼歷史條件下才出現的呢？

學校產生的歷史基礎，是生產力的發展和奴隸制國家的形成。原始社會的教育是非形式化的，沒有固定的校舍、教師等，雖有其平等的一面，但有很大的局限性。教育工作是附着在社會實踐過程中進行的。隨着生產鬥爭經驗的積累，銅器、鐵器代替石器而成為生產工具，農業和畜牧業代替採集和漁獵而成為主要的生產事業，從而使物質產品豐富了，除供人類消費之外，還有大量的剩餘。部落酋長利用他們的特殊地位，特別是利用他們手中的武裝力量，把這些剩餘果實據為己有，在社會中逐漸形成了階級，產生了奴隸制國家，無壓迫、無剝削的社會不復存在。而統治者為了鞏固政權，必須把一系列統治辦法傳給他們的後代，這就是古代學校產生的歷史基礎。

學校產生的客觀條件，是體腦分工和專職教師的出現。為滿足統治者需要，特權者的子弟需要學習祭祀、軍事統治以及生產、文化藝術、宗教方面的知識。如此繁多的知識，絕不是在統治者的實際生活中附帶學習能夠獲得的，必須組織專門機構專司其事，任用專職人員負責，並使受教育者脫離其他事務而專心致志地學習鑽研，才能順利完成任務。生產力發展後，一部分人專事腦力勞動，體力勞動與腦力勞動分家，正是適應了這一需要，給學校的建立提供了前提。

文字的產生也起到了重要促進作用。從文化教育的角度看，還有一個因素和學習內容極有關係，那就是伴隨社會發展而出現了文字。古代文字一般是圖形文字，即照事物形象畫出簡單的圖形，以為記憶之助；後來才出現象形文字、表音文字和表意文字，這樣，文字就成為記載當時人類總結出來的文化知識經驗的唯一工具。只有文字產生以後，才有可能建立起專門進行教育、組織教學的主要場所——學校，才會出現專門從事教育和根據文獻資料傳授知識的人——教師。可見，沒有文字，教育只靠人們的口傳身授，就不會有上述意義的學校。文字的產生和學校的出現是直接聯繫的。

二、官學的興衰

官學制度是伴隨着私有制的興起與國家的形成而出現的，奴隸社會就已經初現雛形。據《孟子》記載，夏商周三朝已經建立起名稱不同的學校。此處雖提到夏代的學校，但沒有相關文物的證實。據相關文獻記載，殷商時代的學校有大學、小學之分。這種記載已經得到甲骨文的印證：「殷人養國老於右學，養庶老於左學。」（《禮記．王制》）右學就是大學，左學就是小學。大、小學分段進行說明當時的教育已經開始考慮受教育者年齡等因素的影響。大、小學主要存在於王都，在地方也有相應的學校。出於維護自己統治的需要，殷商的學校主要傳授宗教和軍事方面的內容，同時兼及讀、寫等內容。到西周時期，比較完善的學校教育體制已經建立起來，如將有關的記載進行綜合整理，可簡約地看出西周學制系統。西周的學校分為國學與鄉學兩大系統。國學設在王都，分為大學和小學；鄉學置於地方，設置於諸侯都城的稱為泮宮。國學、鄉學、泮宮都以「六藝」（禮、樂、射、御、書、數）為基本教學內容，內容深淺則不同。

秦朝一統天下後，為了加強中央集權，採取嚴厲措施禁止私學。秦朝採取以吏為師的制度，恢復奴隸社會時期「官師合一」的做法，「故明主之國無書簡之文，以法為教；無先王之語，以吏為師」（《韓非子．五蠹》），官學制度無從發展。直到漢代，經過初年的「休養生息」，

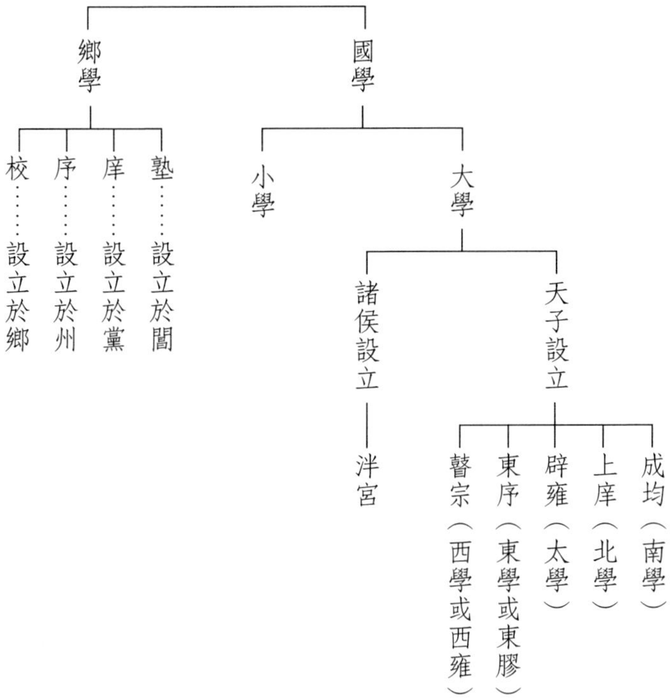
鄉學
國學
校……設立於鄉
序……設立於州
庠……設立於黨
塾……設立於閭
小學
大學
諸侯設立
泮宮
天子設立
瞽宗（西學或西雍）
東序（東學或東膠）
辟雍（太學）
上庠（北學）
成均（南學）

西周學制系統

至漢武帝時期，社會生產力有了明顯提高，為教育的發展創造了一定的物質條件。漢王朝為了進一步加強中央集權，提高管理水平，以鞏固和推進封建社會的發展，急需發展學校教育。董仲舒總結了歷史的經驗教訓，提出了三大文教政策的建議，因此而成為中國歷史上有影響的政治家和教育家。他是孟子之後的儒家忠實信徒，以「三年不窺園」的精神，專攻《春秋公羊傳》，為學者們所敬重。他以三篇對策取得第一，被推為群儒之首。這三大文教政策的主要內容包括：罷黜百家、獨尊儒術，實現思想的統一；興太學，行教化而美習俗；重選舉以選用賢才。董仲舒的這三大建議應該說適應了當時政治、經濟、文化教育發展的需要，促進了漢代思想的統一和文化教育的發展，結束了春秋戰國以來的百家爭鳴的現象，並對中國整個封建社會思想和文化教育產生了深遠的影響。班固說：「推明孔氏，抑黜百家，立學校之官，州郡舉茂才孝廉，皆自仲舒發之。」（《漢書．董仲舒傳》）至此，官學制度才獲得新的發展。

漢代在中央和地方都設有官學，中央官學有太學、鴻都門學和宮邸學。

漢武帝於公元前一二四年設立太學，發展到東漢鼎盛時期規模已達三萬餘人，其中的老師被稱為博士，學生被稱為博士弟子。作為國家管理的重要機構，太學的設立也是「罷黜百家、獨尊儒術」的統治宗旨於文教方面的體現，因此，其教授內容必然指向儒家經典。漢代教學因經書各有所傳，其說各異，形成各種流派。為了統一五經異同，西漢宣帝時曾召集太學博士和

漢代太學畫像磚：儒學講經圖

名儒在石渠閣論定「五經」，東漢章帝亦領銜率博士名儒在白虎觀論經數月，最後由班固總結歸納成太學統一教材《白虎通義》。後來，太學學生為爭考試名第，行賄改動，經人舉報，靈帝下令由蔡邕等人審定今文「五經」及《公羊傳》、《論語》，並刻於石碑，豎於太學。這就是漢代法定和恒定的教材——「熹平石經」。太學教學方式較為靈活，其組織形式和方法大體有三種：一是集會講經；二是學生自行研習，教師點撥；三是討論辯難，疑義相析。為了激勵學生向學並且考核學生學習成果，太學還建立起一套比較完善的考試制度。

漢代太學是中國教育史上第一所有完備規制、史實詳盡可考的學校。自始創至清末，歷代最高學府多被泛稱為太學。其影響之深，可以推知。

鴻都門學由東漢靈帝創辦，因設於都城的鴻都門而聞名。不同於太學以研修儒家經典為主，鴻都門學主攻文學與藝術，這與漢靈帝個人愛好詩文有着極大的關係。其中的學生主要由官員舉薦，規模大時達千人之多。另外，漢代的地方官學也相當發達。據載，漢代最早興辦地方教育事業的，首推漢景帝時的蜀太守文翁，他對創建漢代地方官學有倡導之功。他發展地方教育事業所採取的措施有兩條：一是通過節省地方政府行政開支及籌集經費，送地方官吏去京師進修培訓，「受業弟子」學成後或為官或教學；一是在成都修建學宮，「招下縣子弟以為學官弟子」。王莽秉政時，將建立地方學校體系作為恢復古制的一系列措施之一。在他的倡導下，平帝元始三年（公元三年）頒佈了地方官學系統：郡國曰學，縣道邑侯國曰校。校、學置經師一人。鄉曰庠，聚曰序。序、庠置《孝經》師一人。漢代官學，在封建官學初創階段，雖然系統不夠完備，但為後代學校制度的發展奠定了初步的基礎。

魏晉南北朝時期，政局動盪、戰亂頻繁，官學制度的發展受到嚴重影響，官學體制並無進步，多沿用漢代遺風。曹魏建立初期，採取嚴格考試制度等措施使荒廢的太學初步得到恢復，並使太學教育與文職官員的選拔結合起來。西晉繼承曹魏興修太學的成果，在中央設立國子學，專門招收貴族子弟，太學一度繁榮，人數多時達到七千多人。東晉在中央官學制度方面延續了西晉的做法，但因中央力量薄弱，各地方官學差別較大。南朝劉宋時期設置儒學館、玄學館、史學館和文學館，按照專業招收學生，宋明帝時設置總明觀；梁朝武帝時在中央設立五館、國子學、集雅館、士林館、律學等；而陳朝國學則起伏不定，總體趨向衰敗。北朝的中央官學有北魏的太學、中書學（國子學）、皇宗學，北齊的國子寺，北周的太學、麟趾學（文學教育）、露門學（小學性質的教育）等。除了中央官學之外，北朝還設置了大量的專門學校，有律學、書學、算學等等，涉及人文、自然等不同學科。北朝的地方官學也較前期有所發展，北魏、北齊、北周三朝均在地方設立學校。「衣儒者之服，挾先王之道，開黌舍，延學徒者比肩；勵從師之志，守專門之業，辭親戚甘勤苦者成市」（《北史·儒林傳上序》）。魏孝文帝不但在州郡立學，而且在鄉黨也設有學校。從教學內容來看，此一時期教學以經學為主，受到玄學等思想的影響。總之，南北朝時期，受動盪政局的影響，官學興廢無常，但大體來說，北朝官學發展的狀況好於南朝。

隋唐結束分裂局面，建立起統一的封建帝國，政治漸趨穩定，經濟漸趨繁榮，這為兩代官學制度的發展奠定了條件。隋朝在中央設立有國子學、太學、四門學、書學、律學、算學。除律學屬大理寺管轄外，其餘諸學均歸國子寺管理。國子學是貴族學校；太學、四門學則指向一般平民，旨在選賢育能，以五經為學習內容；書學、算學、律學都是專門學校，造就專門人才。唐代官學在繼承隋朝的基礎上，有較大發展。唐代在中央設有國子學、太學、四門學、律學、書學、算學、崇玄學。除了這些專門的學校之外，中央還附設一些學校，由相應部門對口管理。東宮附設有崇文館，門下省附設有弘文館；太樂署、太醫署、太卜署等分別招收學生，培養樂舞、醫藥、卜筮方面的人才；太史局附設天文學、曆法、漏刻等專門學校培養相應人才。地方專門學校有府學、州學、縣學；一些府州還設有醫學校，培養服務地方的醫學專門人才，「貞觀三年，置醫學，有醫藥博士及學生。開元元年，改醫藥博士為醫學博士，諸州置助教」（《舊唐書．百官志四下》）。另外，唐代還有一類特殊學校，如門下省的弘文館以詳正圖籍教授學生，東宮的崇文館以經籍圖書教授學生。以上二館是行政、研究、教學兼而有之，與一

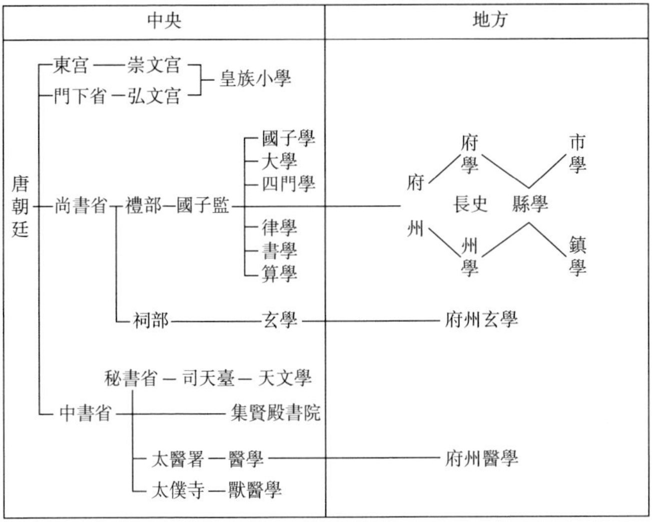
中央
地方
唐朝廷
東宮
崇文宮
門下省
弘文宮
皇族小學
尚書省
禮部
國子監
國子學
大學
四門學
律學
書學
算學
祠部
玄學
府州玄學
府
州
府學
州學
長史
縣學
市學
鎮學
秘書省
司天臺
天文學
中書省
集賢殿書院
太醫署
醫學
府州醫學
太僕寺
獸醫學

唐代學校制度圖

般學校不盡相同。總之，多種形式辦學，是唐代官學的一大特點。

宋朝的中央官學和地方官學在沿襲唐朝制度的同時，又有所創新。在中央官學方面，綜合性質的有國子學、太學、四門學、廣文館等，但國子學同時兼有學校管理職能，並實行太學三舍法（所謂太學三舍法，是指將太學分為上舍、內舍和外舍三部分。學生入學時，一律編入外舍。然後，根據學生的表現及考核狀況逐次升入內舍和上舍）等新的教學方法與評價體制。四門學和廣文館是為考生參加科舉考試而成立的預備學校。專門性質的有書學、律學、算學，同時又增加了武學和畫學，專業分科較之唐朝更為細化。除上述綜合和專門學校之外，宋朝統治者為提高自身素質，維護自己的統治，還專門為皇室子孫設立貴族學校，如資善堂、宗學等等。由於統治者的重視，宋朝的地方官學取得了較大發展。前期的幾位皇帝都注重發展地方官學，採取賜予土地等方式促進地方官學的發展。慶曆興學和熙寧興學進一步促進了宋朝地方官學的發展，規模空前興盛。直至南宋孝宗之後，地方官學由於戰爭等的影響趨於衰敗。宋朝地方官學大致分為兩級，即在州、府、軍、監設立的州學、府學、軍學和監學，在縣設立的縣學。在所有的地方官學中，以州學和縣學為多。宋朝地方官學在教學制度上有創新，引入了太學的三舍法，同時推廣了教育家胡瑗的分齋教學制度。

元代的官學同樣可以分為中央官學和地方官學。中央官學主要有國子學、蒙古國子學和回回國子學，國子學的設立主要是為了吸收先進的漢文化。學生來源比較廣泛，涉及不同的民族，而以蒙古族為多。統治者加強對國子學的管理，實行積分等方法以督促學生學習。蒙古國子學主要是為了弘揚蒙古文化，培養蒙古人才，但在學生來源上並不僅僅限於蒙古族。「漢人私試，孟月試經疑一道，仲月試經義一道，季月試策問、表章、詔誥科一道。蒙古、色目人，孟、仲月各試明經一經，季月試策問一道。辭理俱優者為上等，准一分；理優辭平者為中等，准半分。每歲終，通計其年積分，至八分以上者升充高等生員，以四十名為額，內蒙古、色目各十名，漢人二十名。歲終試貢員不必備，惟取實才。有分同闕少者，以坐齋月日先後多少為定。其未及等，並雖及等無闕未補者，其年積分，並不為用，下年再行積算。」（《元史·選舉志一》）另外，由於與西域各國交流的需要，元朝專門設置回回國子學學習波斯文字，造就外語方面的人才。回回國子學是早期的外語學校。除了上述專門的中央官學之外，元朝的一些中央機構如太史院等也設有學校以培養專門的人才。從學習內容來看，元朝的地方官學可以分為儒學以及科技、語言等專修學校。儒學學校主要是根據行政區劃設立，在路、府、州、縣等行政單位都設有相應的學校，其中以社學最有特色。元制五十家為一社，每社設學校一所，擇通曉經書者為教師，施引教化，農閒時令子弟入學，讀《孝經》、《小學》、《大學》、《論語》、《孟子》，並以教勸農桑為主要任務。

明朝統治時間近三百年，其官學制度在繼承前代的基礎上，持續向前發展。明朝的官學也分為中央和地方兩級。中央官學主要有國子監、宗學、武學等，明朝統治者在北京、南京分別設立國子監，規模宏大、環境優美，以四書五經為學習內容，並在教學方面強調實踐，要求學生學習一段時間之後到各部門實習。宗學則是中央為皇族子弟所設立的貴族學校。除國子學和宗學之外，明代還在中央地方設有武學，教習武官、勳位子弟。明代的地方官學有科技、社學、儒學等類別，較為發達，不僅在各地方行政區、軍隊內設立學校，甚至在貨物集散地以及邊遠地區都設有儒學。

清朝統治者入主中原之後，大興文化教育事業，以維護自身的統治。「自明科舉之法興，而學校之教廢矣。國學府學縣學，徒有學校之名耳。考其學業，科舉之法之外，無他業也。窺其志慮，求取科名之外，無他志也。其流弊至於經書可以不讀，品行可以不修，廉恥可以不講。」（《經世文續編．卷六五》）官學的種類較之前代更為豐富，主要有國子監、覺羅學、宗學、旗學、俄羅斯文館等。國子監既是教育機構，也是管理機構。學生有貢生和監生兩類，以研習四書五經為主。覺羅學和宗學都是為清朝貴族設立的學校，前者僅為覺羅貴族子弟設立。旗學主要是為旗人設立的，有八旗官學、景山官學等類別，分屬不同機構管理。俄羅斯文館開始是應俄國留學生之需而設立，演化為一所培養俄語人才的專門學校，後被撤銷。清代地方官學主要是儒學，在府、州、縣行政區劃內設立相應的學校。儒學學習內容主要是四書五經，同時還要學習清朝律例、聖諭等方面的知識。

清代官學制度基本上沿襲明代，但在長期的發展過程中，也有自己的特點，主要有以下兩點：第一，重視八旗子弟教育，廣泛設立各種名目的旗學。第二，在府、州、縣學中創立「六等黜陟法」，對生員實行動態管理，使他們的升降與學業成績緊密掛鉤。此外，還設立俄羅斯文館，重視俄語人才的培養，並在國子監實行分齋教學制度等。雖然清朝已步入封建社會的暮年，但在順治、康熙、雍正、乾隆時期，學校教育還是得到了較大的發展，對人才培養和社會發展起到了積極作用。然而自嘉慶、道光之後，學校有名無實，傳統教育逐漸為近代新式教育所取代，已成為歷史發展的必然趨勢。

私學制度

私學是與官學相對而言的一種民間辦學形式。在一般意義上說，不由政府舉辦，而且也不納入國家正規學校制度之內的教育教學活動，都應屬於私學的範疇。綜觀我國古代私學教育實踐，所謂私學，包含三種具體含義：一是指私家學派。春秋末期至戰國時期由孔孟顯學發展成諸子百家，由「官守學術」演變為「百家爭鳴」，確立了私家學派的地位。二是指私人聚徒講學。先秦諸子大都從事私人講學，打破了「學在官府」的局面，漢唐宋元明清均有大批經學大師從事私人講學。三是指由私人創辦或主持的學校。如漢代的書館、精舍，宋代的書院和私塾等。私學在中國同樣歷史悠久，在教育發展史上佔有重要位置，為中國文教乃至社會各項事業的發展做出重要貢獻。

一、私學的產生與儒、墨顯學

一定的辦學形式，決定於一定的社會政治經濟結構。在社會發展的不同階段，由於生產資料的具體佔有、分配、交換等的方式不同，使得一定社會的辦學形式呈現出不同的性質。在夏商周三代時期，因生產資料國有，決定了該時期辦學形式只存在官學，而無私學。中國私學的出現是私有制產生後隨之出現的教育形式。它發端於春秋時期，戰國時期獲得初步發展。私學興起的具體原因如下：

私學產生的經濟基礎。私學肇始於春秋時期，與春秋時期的社會經濟發展水平密切相關。春秋時期，鐵製農具和牛耕技術逐漸推廣，水利灌溉逐漸發展，農業生產力有了很大的提高。土地私有制迅速蔓延，並產生了「私肥於公」的現象，直接推動了士階層的崛起。可以說春秋戰國時期的經濟實力，不僅能養活一批從政的腦力勞動者，而且能養活一批不從政的腦力勞動者，即「不治而議論者」。

私學產生的政治原因。春秋之際是古代社會急劇動盪的時代，當時的政治鬥爭極其複雜激烈，各國統治者急需大批能夠解決社會實際問題的人才，急需「賢人」輔政，士、農、工、商也大力鼓吹「尚賢」、「舉賢」。然而之前的官學，是氏族貴族的專有品，根本無法適應這一形勢。官學沒落，有公卿大人甚至公開說「可以無學，無學不害」（《左轉．昭公十八年》）。「尚賢」的時代要求，是私學興起、處士橫議、人才輩出的政治原因。

文化下移，學術繁榮，推動了私學的興盛。政治權力下移是文化下移的前提。

春秋戰國之際，各種特權由天子而諸侯而大夫而陪臣，逐步下移。文化學術的專利權，也突破貴族的樊籬，轉移到民間。加之官學的廢弛，文化典籍也散落到民間，由此導致「學在四野」的局面，民間學者從而獲得了學術爭鳴的自由。他們在批判繼承傳統文化、總結大變革時代新成果的基礎上，創立了各種新學說，推動了私學的創辦。

私學初創與孔、墨顯學。春秋末期和戰國中期，是私學的初創階段，主要表現為孔、墨兩大顯學的崛起。在孔、墨之前，私學已經在各地出現，並形成了不同的學風，但是影響均不大，確切地說，沒有形成私學大規模的發展態勢。孔、墨兩大學派產生以後，便成為支配當時學術思想的主流，所謂「世之顯學，儒、墨也」（《韓非子．顯學》），「孔墨弟子徒屬，充滿天下」（《呂氏春秋．有度》）。

在被稱為顯學的儒、墨私學中，以孔子所創立的儒家私學影響最大。孔子是私學的集大成者。「孔子以詩、書、禮、樂教弟子，蓋三千焉，身通六藝者七十有二人」（《史記．孔子世家》）。孔子儒家私學的首創意義，可以概括為以下方面：孔子辦學秉持「自行束脩以上，吾未嘗無誨焉」（《論語．述而》）的「有教無類」的教育原則，擴大了教育對象；孔子為儒家私學編訂了被後世稱為「六經」（《詩》、《書》、《禮》、《樂》、《易》、《春秋》）的教材，為保存中國古代的傳統文化作出了不可磨滅的貢獻；孔門私學教育有方，因材施教、啟發誘導、溫故而知新、學思並重等教學原則與方法豐富多彩，收效卓著。

墨家的成就僅次於儒家。《墨子．公輸》中，墨子自稱有弟子三百人。墨家私學是一個有組織的團體，其紀律嚴明，弟子為義而戰，故多數人皆可赴湯蹈火、死不旋踵。墨家代表「農與工肆之人」的利益，重視實用的科學知識技能的傳授。雖然墨子之後，由於儒學地位逐漸的一統天下，科學技術一直未得到長足進步，一直是中國古代教育的一大遺憾，但是，墨子私學所創造的科技知識的教學內容、方法，開創了古代科技教育的先河。

二、稷下學宮：中國古代高等教育的典範

稷下學宮也稱稷下之學，是戰國時代齊國的一所著名學府。所謂「稷下」，是一地址名，位於齊國都城臨淄的稷門附近地區，今山東省淄博市。齊國國君齊桓公在此設立學宮，稷下學宮

稷下學宮遺址

因此而得名。稷下學宮歷史悠久，先後經歷了齊桓公、齊威王、齊宣王、齊湣王、齊襄王、齊建王六代諸侯君王，長達一百五十年。稷下學宮是一所什麼性質的教育機構？它的特點、功能及影響意義何在？

首先，它作為特定歷史條件下的產物，既不同於官學，也不同於一般私學。可以說，它既弘揚了官學辦學的優良傳統，又吸取了私學的長處，獨具特色。

官方舉辦、私家主持的辦學形式。稷下學宮是由齊國官方出資籌辦的，其目的是養士、用士。因此，從主辦方和辦學目的上看，稷下學宮是官學。但是，稷下學宮的基本組成、運行機制卻凸顯出明顯的私學特點。各家學派聚集在此，教學與學術活動獨立自主，官方不加干預。學宮的領導人通常是由深具名望的私家學者來擔任，所以，稷下學宮是一所由官方舉辦、私家主持的特殊形式的學校。

兼容並包、來去自由的辦學方針。稷下學宮的創辦是齊國統治者出於「爭天下者必先爭人」的目的，它打破了各家各派的門戶之見，不分國別、派別，只要有「治國之術」就加以引進，使其在稷下享有一席之地。儒家、道家、法家、陰陽家、名家等都雲集到稷下授徒講學、著書立說，官方不但不加干涉和限制，而且還公平公正地對待每一學派的觀點。各個派別相互辯論鬥爭的同時，又能夠自覺地相互吸收，不斷走向融合。因而，此時出現了諸如荀子這樣的博採眾長的集大成者也就不足為奇了。

禮賢重士，稷下學者享有優厚待遇。齊國君主對稷下學者給予人格上足夠的尊重，鼓勵自由發表政治觀點，經常傾聽和採納學者們關於治國的意見。學宮除設祭酒、博士、先生等學術職銜外，還以卿、上大夫等爵位授予學者，孟軻、荀況等都曾被尊為卿，鄒衍等七十六人「皆賜列第，為上大夫」。另外，優渥的物質待遇也是齊君能夠延攬人才的重要原因。稷下先生們在這裏的府邸壯觀，尊崇備至，很是誘人。

稷下學宮對來去自由的學生們實施民主管理。學宮允許學生自由選課，沒有派別之壁壘，開闊了學生視野，豐富了學生的知識。稷下學宮制定了中國教育史上最早、也是世界上第一個寄宿學校的學生守則——《弟子職》，對學生的生活、修養、學習提出了全面的要求，從而保證了學生管理的規範性，使教學活動得以順利進行。

郭沫若高度評價說：「稷下之學的設置，在中國文化史上實在有劃時代的意義……發展到能夠以學術思想為自由研究的對象，這是社會的進步，不用說也就促進了學術思想的進步。」「周秦諸子的盛況是在這兒形成的一個最高峰的。」（郭沫若《十批評書．稷下黃老學派的批判》）稷下學宮的辦學特色也可稱為中國古代高等教育的典範，它對後世歷代的學校教育產生了深遠的影響。

私學興革

秦王嬴政滅六國後，出於加強君主專制的需要，採取了嚴禁私學的政策。漢初，為讓百姓休養生息，統治者採取道家策略，允許各家並存。統治者通過廢止挾書律等開明的文教政策，使漢朝私學取得相當發展，這彌補了當時官學不足的弊病，滿足了人民的教育願望。漢武帝崇尚儒學，實行「罷黜百家、獨尊儒術」。但是，統治者並沒有禁止私人講學。不同於官方講授的今文經學，私人講學則以古文經學為主。根據高低程度的不同，兩漢的私學大致可以分為三種類型。一是蒙學性質的私學。此類私學通稱為書館或家館，主要以識字和習字為旨歸。二是專業基礎性質的私學。此類機構通稱為鄉塾，是為鞏固蒙學識字教育成果和進入更高學習階段預先準備而設置的，學習內容為《孝經》、《論語》等，對《易》、《韓詩》、《書》不作硬性規定。三是專經研習性質的私學。這種機構多稱為精舍或精廬，執教者為名師大儒，多以研討學問和治術為辦學目的。私學的這三種類型，彼此間大致有一分工，第一類可看作教育的初級階段，第二類相當於習經階段，第三類具有專經階段的某些特徵。但它們之間彼此多不溝通，各行其是，並未形成嚴密的階梯結構系統。

由於政治動亂，魏晉南北朝時期的官學出現衰落局面，這為私學的發展提供了契機。魏晉時期的私學繼承了漢代的成績，同時又具有自己的特色。不同於以往私學以儒家內容為主，該時期的私學傳授內容開始多元化。由於儒學在應對時代問題上捉襟見肘，所以此時的私學在教學內容上，開始突破儒學佔統治地位的官學教育傳統，進而講授玄學、佛學、道教和科技常識等。此外，魏晉時期的私學覆蓋的範圍更為廣泛，甚至在偏遠的酒泉、敦煌等地都設有私學，而且規模都較大，足見當時私學之盛。授業內容的多元化、覆蓋範圍的廣泛性，這都是魏晉私學較之前代的發展。

南北朝私學得到進一步的發展：舉辦主體來源更為廣泛，既有名家大儒、隱居之人，也有富豪貴族；從教學內容來看，較之前期更為廣泛，醫學也成為私學傳授的內容；從私學覆蓋的範圍來看，也較魏晉時期有所發展，一些名師舉辦的私學常能吸引到學子不遠萬里前來；從私學形式上看，南北朝時期的家學得到發展，湧現了顏之推的《顏氏家訓》等經典的家庭教育作品，「上智不教而成，下愚雖教無益，中庸之人，不教不知也」（《顏氏家訓．教子》）。此時的啟蒙教育也取得重大突破，童蒙教育的經典讀物《千字文》就在此時成書。此外，無論在南朝還是北朝，私學都受到當時流行的玄學的影響，只不過在兩朝的影響程度不同而已。

隋文帝楊堅發佈勸學詔令，鼓勵和支持私學發展。唐代統治者繼承了隋朝開放的私學的政策，繼續鼓勵私學發展。唐玄宗、中宗、睿宗等都曾發文支持和鼓勵私學。政策的開明、經濟的繁榮等因素都有利於私學的發展。因此，私學在隋唐兩代獲得較大發展。不同於該時期的官學，私學承擔更多的基礎教育和文化傳承的任務。按照私學的程度，隋唐私學有初、高級之別。初級私學主要進行啟蒙教育、傳授日常生活基本常識。初級私學的形式主要有鄉學、村學、私塾、家塾和家學等。鄉學主要面向本鄉學生。村學招收本村及鄰村兒童入學，村學帶有一定公益色彩。家塾則由家族舉辦，通常不對外招生。家學則由父母、兄長擔任教師。初級私學除了教授學生《千字文》等啟蒙教材外，教師還教授一些淺顯的詩歌，這為唐朝詩歌的繁榮奠定了基礎。高級私學則傳授專門的經學知識和專業知識。教師大多來源於官員、學者等，傳授內容廣泛，除儒學外，還涉及譜學、文學、科技醫藥等方面的內容，中國最早的臨床醫學百科全書《千金方》就是此時出現的。

宋元明清時的私學基本沿襲前代的模式，分為低級的蒙學教育和高級的經館教育。

有人認為書院也是此一時期私學的重要形式，對於書院的內容我們將在下一節專門進行討論。此處談論的主要指書院之外的四朝私學教育。蒙學主要致力於啟蒙教育，還有私塾、鄉

清代私塾

學等不同的稱呼。蒙學大多由個人創辦，也有的是由家族創辦。蒙學招收的對象主要以兒童為主，但是也有成年男子。在接受完蒙學教育後，有些學生會進入較高級的私學階段，即經館階段。由於科舉制度的存在，讀書人要想做官，必須接受經學教育。這就在一定程度上促進了經學私學的發展。經館主要以四書五經為教材，此外還學習文學、詩賦散文等內容。由此可見，經館教學內容的設計受到科舉制度的深刻影響。值得注意的是，在元清兩代，不僅漢族私學教育發達，蒙古等族也注重私學的發展。民族地區私學的發展為傳播民族文化發揮了重要作用。

明代私學教學內容與教材最具特色，除「三（三字經）、百（百家姓）、千（千字文）」的暢銷走紅外，又流行雜字書。其編法有所創新，有分類詞彙、分類韻語、分類雜言等，多連屬成文，押韻通俗，針對性強。明代還推出了一批幼兒教育教材，如呂得勝、呂坤父子的《小兒語》《續小兒語》就曾多次刊印。

書院制度

書院是中國古代特有的一種教育組織形式。從唐代最初的藏書之所，歷經千年之久，書院逐漸演變成為集藏書、教學與學術為一體的特殊教育場所，對中國文化的傳承、學術思想的創新都發揮過很大的作用。中國古代三大學術思潮，宋代理學、明代心學、清代樸學都與書院關係密切。錢穆先生曾說：「中國傳統教育制度，最好的莫過於書院制度。」（錢穆《新亞遺鐸》）但是，隨着近代中國社會的轉型，書院制度廢止，其長期積累傳承下來的教育經驗以及所具有的精神一度淡出人們的視野。然而，伴隨中國現代教育制度的建立，與現代大學精神有着一定契合的傳統書院又引起人們的高度關注。

一、書院的產生

書院之名起源於唐朝，玄宗時設立麗正書院、集賢殿書院，此為書院名稱的開始。然而，此時的書院是官府的圖書機構，主要負責整理和修訂書籍，並不是聚徒講學、造就人才的地方。真正將書院作為聚徒講學活動場所的是民間私學。隨着雕版印刷技術的發展，民間藏書愈來愈豐富，為後來民間書院的興起奠定了基礎。此類書院早在唐代初年就已經存在。根據文獻記載，唐代已經建立很多書院。唐初的光石山書院、瀛洲書院、李公書院、張說書院是早期的幾所書院。這些書院主要是為個人讀書服務的。不久之後，書院的服務範圍就擴展至普通大眾，開門授徒。此時的書院多以個人的名字命名，無論是名稱還是組織形式都不很穩定。書院萌芽於唐末，但作為一種教育制度，形成和興盛於宋朝。

首先，唐朝自安史之亂以後，由盛而衰，形成藩鎮割據的局面，嚴重危害了學校教育事業的發展，官學衰落，士人大量失學。於是，一些好學之士便在山林僻靜之地，建屋把酒吟詩、藏書校書、讀書講學、聚徒講學、切磋學術。其次，書院的出現是對中國源遠流長的私人講學傳統的繼承與發揚。早在春秋時期，孔子首開私學，弟子三千，私學成為一種重要的教育組織形式。秦朝雖然禁止私學，但私學禁而不止。漢朝以後，私學一直與官學並行不悖，得到比較大的發展，遍設於全國各地，成為培養人才的另一條重要渠道。宋初提倡文治，推崇儒學，但國家一時又無力大量創辦官學。北宋立國之初，一方面擴大科舉名額，一方面利用唐代以來出現的書院，通過賜書、賜額、賜田、召見山長等方式進行扶持，使其替代官學教育之職或彌補官學教育之不足，像著名的白鹿洞書院、嶽麓書院、應天府書院、嵩陽書院都曾得到朝廷賜書、賜匾額、賜學田和獎勵辦學者等不同形式的支持。這些支持無疑是促進宋初書院興盛的直接動因之一。第三，佛教禪林制度的影響。佛教出於避世遁俗、潛心修行的宗旨，多選擇環境僻靜優美的山林建立寺廟，五代及宋初的書院也大多建於山林名勝之中。佛教禪林集藏經、講經、研經於一體，也對書院教學產生了明顯的影響。如：書院的講會制度就是借鑒了佛教僧講和俗講的講經方式，書院教學的講義和語錄等形式，也是來源於佛教禪林制度。第四，書院的出現，是隋唐推行新的印刷技術使書籍大量流傳於社會之後，中國士人圍繞着書，包括藏書、校書、修書、著書、刻書、讀書、教書等進行文化研究，積累、創造、傳播等活動的必然結果。五代之際，在人稱「天地閉，賢人隱」的離亂黑暗時代，書院仍在兵荒馬亂之中汲汲於民族文化的傳承，表現出強大的生命力。錢穆先生在其〈五代時之書院〉中，盛讚書院承前啟後的文化功效。他說：「五代雖黑暗，社會文化傳統未絕，潛德幽光，尚屬少見，宜乎不久而遂有宋世之復興也。」

二、書院的興廢

五代時期，戰亂的社會狀態使得官學衰敗，書院由此得到初步的發展。許多名師大儒隱居山林，利用自己豐富的藏書，設館教學。一些後世著名的書院都創立於五代時期，比如應天書院、龍門書院等。此外還有竇氏書院、太乙書院、匡山書院、梧桐書院、華林書院、興賢書院、雲陽書院、東佳書院等。一些書院的創立還得到政府的重視，比如後唐皇帝李嗣源曾經表彰匡山書院，稱讚匡山書院的創辦者羅韜「積學淵源，蒞官清謹」，並稱讚書院使「民風日益」。這是最高統治者第一次發佈對書院的獎勵，官方的開明態度有助於五代時期書院的發展。但是，五代時期書院數量並不多，影響也比較有限。

在唐、五代發展的基礎上，宋代迎來了書院的勃興。五代戰亂，官學遭受重創。宋朝建立之初，統治者尚沒有精力發展官學。書院的發展滿足了社會民眾求學的需求，解決了統治者面臨的切實社會問題。因此，宋初的統治者對書院發展採取鼓勵的態度。此外，政局的逐步穩定有助於形成良好的讀書風氣。這一切促使書院在宋代得到巨大發展。較之前代，北宋書院覆蓋的省區更為廣泛，一些新建省份都設有書院。從南北區域來看，南方書院數量多於北方。北宋書院以宋仁宗、宋神宗兩朝最多，書院數量在兩朝之後有所下降。北宋著名的書院有白鹿洞書院、嵩陽書院、應天府書院、嶽麓書院等。由於宋初官學不發達，書院在一定程度上替代了官學的地位與功能，教育功能得到彰顯，宋初的大儒胡瑗等人都曾在書院講學。隨着政局的穩定，北宋統治者開始調整文教政策，大規模興辦官學，這突出表現在慶曆、熙寧、崇寧三次興學運動。三次興學對於北宋書院的發展產生一定影響，較之宋初書院的發展，興學之後的書院顯得沉寂，不如宋初那般繁榮，但數量遠多於宋初。一些著名的理學家如周敦頤等人都曾開辦書院。書院到南宋發展到鼎盛。理學的發揚廣大、官學積弊日顯等因素都促成了南宋書院的興盛。朱熹在一一七九年和一一九四年分別復興白鹿洞書院和嶽麓書院，此為南宋書院勃興的開始。南宋書院的數量和規模都較北宋有大發展，書院制度正式確立。南宋理學興盛，一些著名的理學家如朱熹、陸九淵、呂祖謙等都曾在書院講授理學，書院由此成為理學傳播的重要陣地。南宋書院講學更為靈活，不但由書院主持人講，而且還邀請名人演講，影響更大。南宋時期的書院數量更多、規模更大、地位更高、影響更為廣泛，可以與官學相抗衡，在一些地方的發展甚至超過官學。

為了加速漢化的進程，元代統治者入主中原之後，實行尊孔崇儒的文教政策。基於此種政策的需要，統治者採取保護和鼓勵書院發展的策略。政府不但鼓勵民間修建、修復書院，而且直接參與書院的創建和修復工作，這使元代書院的數量在南宋的基礎上又有很大發展。南宋的

東林書院（上）與嶽麓書院（下）

書院大多集中於江南地區，元代書院分佈區域更為廣泛。元代時候，北方廣大地區也建立了大批書院。同南宋書院一樣，元代書院也以講授理學為主，由於分佈廣泛，書院促進了理學在北方的發展。在鼓勵和扶持書院發展的同時，政府也加大了對書院的控制，書院呈現出官學化的特色，這突出表現在政府對書院經費和山長的控制上。政府為書院提供學田，使之享受和官學同等的待遇，對經費困難的書院提供資金支持。不僅如此，政府對書院的私有財產也加大了管理力度。元代書院的山長通常由政府任命，即使未經政府任命的山長也必須獲得政府的認可。此外，在整個元朝，書院創辦的手續較為繁瑣，政府通過這種手段加強對書院的控制，這種官學化的傾向嚴重影響了書院自主辦學的傳統。

元末戰亂頻繁，一些書院毀於戰火。至明朝統一，統治者注重發展文教事業以維護統治，大力發展各級官學和科舉制度，很多書院被納入官學的軌道，使得明初的書院發展受到嚴重影響。然而，官學在發展過程中暴露出愈來愈多的弊端。為了克服這些弊端，恢復和振興書院的呼聲愈來愈強烈。在元末明初戰火中沉寂的白鹿洞書院和嶽麓書院相繼得到恢復，政府也主持重建了一批新的書院，並使書院突破上層社會的界限，開始走向平民。為糾程朱理學之弊病，以王陽明為代表的王學迅速興起。王陽明及其門人通過書院傳播其思想，極大推動了明朝書院的發展，並將講會制度固定為書院的形式，成為書院的一大特色。同時，明代書院的類型較之前代更為豐富，出現了一些帶有軍事性質、社團性質的新型書院。隨着書院的普及，書院成為士子們批評朝政、臧否人物的地方。此時書院已經突破了傳統教育文化的性質，開始涉及政治活動。比如，當時的東林書院就因參與政治活動，而引起統治者的不滿。「學校之教，至元其弊極矣。上下之間，波頹風靡。學校雖設，名存實亡。兵變以來，人習戰爭，唯知干戈，莫知俎豆。朕惟治國以教化為先，教化以學校為本。京師雖有太學，而天下學校未興。宜令郡縣皆立學校，延師儒，授生徒，講論聖道，使人日漸月化，以復先王之舊。」（《明史．選舉志一》）因此，明末的統治者對書院採取了較為嚴厲的政策，甚至是禁毀政策。比如，嘉靖年間曾經兩次毀壞書院，萬曆等朝也曾毀壞書院。東林書院因參與政治活動，也在天啟年間被毀。

清初的統治者為了肅清晚明思想餘響，對書院採取抑制的政策。待到政權趨於穩定之後，統治者對書院的政策才稍微放寬。同時，統治者還致力於建立官方的書院教育體系，從雍正朝開始，對書院採取鼓勵發展的政策，書院得到普及。「由於官民兩種力量的共同努力，書院進入前所未有的繁榮時期，創建興復書院五千八百三十六所，基本普及城鄉。」（鄧洪波《中國書院史》）清代的書院基本上同官學一樣淪為科舉的附庸，教學目標、內容、課程等都以科舉為中心，教學內容都圍繞八股文展開。但是，書院也嘗試把科考與育人結合起來，這又使其與官學存在一些不同。在當時也存在特色明顯的書院，比如黃宗羲的甬上證人書院，提倡經世務實之風，力圖克服以往空疏的學風。在教學方式上，黃宗羲也鼓勵學生獨立思考，培養學生的個性。另外，顏元主持的漳南書院、阮元主持的一些書院都重視實習、實學，不同於普通的書院和以科舉為中心的官學，對後代產生了重要影響。然而，清代書院在總體上是頹廢的，不適應社會發展的要求，其最後被改制為學堂的命運也是理所當然。

三、書院的特質

從唐代建立到晚清改制，中國古代書院歷經千年之久，它在長期的辦學過程中形成了一套頗具中國傳統特色的教育管理體制、教育教學思想和方法，尤其指出的是它蘊含着當代教育發展的精神內涵，值得深入探索。

在胡適看來，所謂「書院的精神」，大致有三方面：代表時代精神；講學與議政；自修與研究。而最後一點尤為重要，因其「與今日教育界所倡道爾頓制的精神相同」（胡適《書院史略》）。歷朝歷代的書院都是引領當時學術風潮之地。

具體而論，書院的特質約略可歸納為：

一、從書院的建立、組織特點來看。書院雖是私家講學之地，但它卻離不開官方的認可、扶助，如皇帝欽賜匾額、經書或學田，因此書院不能與普通的私學混為一談。注重藏書、讀書。書院藏書的大發展應該說在宋代。北宋初期經過一段時間的休養生息，國力漸趨強盛，士子們有了就學讀書的要求。而朝廷忙於武功，一時顧不上文教，更缺乏財力興辦足夠多的學校滿足各地士子的要求。因此，各地名儒、學者和地方官吏，紛紛興建書院，以培育人才。比如，宋代四大書院之一的應天府書院，成立時就「建學舍百五十間，聚書千卷」；鶴山書院「堂之後為閣，家故有藏書，又得秘書之付而傳錄焉，與訪尋於公私所板行者，凡得十萬卷」。這個藏書量已超過了當時國家書庫。書院機構很簡單，專職管理人員比較少。書院只有一位明確的主持人，其名稱因時因地而有不同，常見的有：洞主、洞正、山長、堂長、院長等。某些規模較大的書院，雖增設副講、管幹、典謁等職，但專職人員極為有限，往往由書院學生輪流分任。相較於官學，書院冗員極少，且有吸收學生參加管理的特點，或稱「高足弟子代管制」。書院利用學規進行管理。學規也稱為學約、學則、教約，與禪林清規頗為相似。學規大體包括三方面的內容：指出為學的方向；為學、修養和待人處事的準則、方法；規定犯過的懲治。最負盛名的學規有：朱熹《白鹿洞書院教條》和呂祖謙所訂《麗澤書院學規》。

二、書院教學特色鮮明。自由講學、研討學術是書院的精髓所在。以南宋來說，嶽麓書院本為湖湘學派張南軒的講學基地，但他卻廣邀不同學派的學者到書院講學，閩學派的朱子及永嘉學派的陳止齋等，都曾到書院講學，並受到學生的歡迎。另外，朱子主持白鹿洞書院，甚至邀請論敵陸象山前往講學，雙方都顯示出兼容並包的學術胸襟。書院傳承中國教育注重自學的傳統，基於書院豐富的藏書，其課程實際上也就是一份「讀書目次」，即先讀什麼書、後讀什麼書，構成一套讀書自學的系列或系統。書院對讀書的要求不斷得到強化，對讀書的方法也十分的講究，「課程」的特點富有彈性，便於因材施教。程端禮所訂的《讀書分年日程》即是這方面的楷模。討論、論辯是書院採用的重要教學組織形式，在書院內部，質疑問難的論辯十分普遍，尤其重要的是這種討論多是自發的、隨機的和平等的，學生之間、師生之間時有論戰，其激烈程度有時甚至有辱斯文。正是這種不求苟同的治學精神，才使書院培養出了一批有獨立見解的人才。在書院外部，講會制度更使論辯的風氣發揚光大。

講會制度是書院的一大亮點。「獨學而無友，則孤陋而寡聞」，講會就是給大家提供一個學習討論的平台。簡言之，就是書院與書院、精舍之間舉行的學術論辯會。它往往事先約定時間、地點、宗旨、規約和論辯的主體，由書院師生共同參加，並吸引社會賢達到會。這一制度創始於南宋淳熙二年（一一七五年）在信州（今江西上饒）鵝湖寺舉行的一次著名的辯論會，由呂祖謙發起，其意圖是想調和朱熹和陸九淵兩派爭執。在中國哲學史上稱為「鵝湖之會」，首開書院會講之先河，其實質是客觀唯心主義和主觀唯心主義之爭。

宋淳熙二年（一一七五年）六月，呂祖謙為了調和朱熹「理學」和陸九淵「心學」之間的理論分歧，使兩人的哲學觀點「會歸於一」，於是出面邀請陸九齡、陸九淵兄弟前來與朱熹見面。六月初，陸氏兄弟應約來到鵝湖寺，雙方就各自的哲學觀點展開了激烈的辯論，這就是著名的「鵝湖之會」。會議辯論的中心議題是「教人之法」。關於這一點，陸九淵門人朱亨道有一段較為詳細的記載：「鵝湖講道，誠當今盛事。伯恭蓋慮朱、陸議論猶有異同，欲會歸於一，而定所適從。……論及教人，元晦之意，欲令人泛觀博覽而後歸之約，二陸之意，欲先發明人之本心，而後使之博覽。」（《陸九淵集》卷三六《年譜》）所謂「教人」之法，也就是認識論。在這個問題上，朱熹強調「格物致知」，認為格物就是窮盡事物之理，致知就是推致其知以至其極，並認為，「致知格物只是一事」，是認識的兩個方面，主張多讀書，多觀察事物，根據經驗，加以分析、綜合與歸納，然後得出結論。陸氏兄弟則從「心即理」出發，認為格物就是體認本心，主張「發明本心」，心明則萬事萬物的道理自然貫通，不必多讀書，也不必忙於考察外界事物，去此心之蔽，就可以通曉事理，所以尊德性、養心神是最重要的，反對多做讀書窮理之工夫，以為讀書不是成為至賢的必由之路。會上，雙方各執已見，互不相讓。此次「鵝湖之會」，雙方爭議了三天，陸氏兄弟略佔上風，但最終結果卻是不歡而散。如今，這座古寺也許是因為有這麼一次重要會議，也許是因為朱熹住過，將其作為「書房」，作為教書育人之地，因而也叫做「鵝湖書院」。

三、書院的教育理念在於培養「傳道而濟斯民」的士君子。從中國古代書院發展的歷程可以看出，各大書院創建的背景與目的不盡相同，各有差異，卻都遵循了學問和德行並重的教育理念。朱子在《白鹿洞書院教條》中說：「古昔聖賢所以教人為學之意，莫非使之講明義理，以修其身，然後推以及人。非徒欲其務記覽，為詞章，以釣聲名、取利祿而已也。」他認為教人為學的目的不在於學到廣博的知識和華彩詞章以沽名釣譽，而是明白義理，修己治人，並據此訂立為學、修身、處事、待物等方面的規程。這一學規成為後世學規的範本和辦學準則，對之後的書院教育產生了很大的影響。如嶽麓書院提出了「立言垂教，明倫修道」等辦學宗旨。在嶽麓書院中最值得關注的是乾隆年間書院掌教曠魯之增訂的六條箴規，計《言有教》、《動有法》、《晝有為》、《宵有得》、《息有養》、《瞬有存》等六篇四言詩。此《六有箴》被刻石嵌於講堂右壁，對於嶽麓書院學生的道德品行和學識的培養產生了深遠的影響。

鵝湖書院

被譽為中國第「五大發明」的科舉制度

引言

中國作為世界上歷史最悠久的文明古國之一，在其發展歷程中形成了若干套完整規範的文官選拔錄用制度，如先秦時期的世襲制、兩漢時期的察舉制、魏晉南北朝時期的九品中正制以及隋唐宋元明清時期的科舉制等。其中在全國範圍設科考試、舉士任官的制度科舉制，在中國傳統社會中實行的時間最長，延續了一千三百年的歷史。

考生來源與報考辦法

科舉制度始於隋煬帝大業二年（六〇六年）設置進士科，科舉是分科選舉的意思，是通過逐級考試的辦法來選拔人才。其程序與現在的高考報考程序類似，包括報考、應考、錄取三個階段。

科舉制以前，國家選拔人才極其注重門第出身，選士雖也有考試，但以選舉為主，由地方官吏推薦，考選和任用之權完全掌握在地方上擔任中正官的世族手中。科舉制度實行以後大大改變了這種局面，尤其在唐代，科舉考試允許讀書人自由報考，不需要地方官吏的推薦。唐太宗、高宗年間（六二七—六五五）是科舉制發展的極盛時期，形成了一套較為完備嚴謹的考選制度。唐代參加科舉考試的考生主要有三個來源：一是「生徒」，是指由中央官學和州縣官學出身的學生；二是「鄉貢」，是由州縣考送的，不通過學校教育而在民間私學或自學成才的考生；三是「制舉」，是由皇帝下詔臨時舉行的，應考者被舉薦或自學到京城長安參加策試，被錄取者可立即授予官職。這其中「生徒」和「鄉貢」被稱為常科，參加人數眾多，報考程序也較為複雜，「制舉」不是常科，是對待「非常之才」的，偶爾舉行，不佔重要地位。我們通常所說的科舉，主要指「鄉貢」，因為這個途徑比較普遍、影響也較大，是布衣平民走向官場的一線出路。每年農曆十一月，考生各自帶上自己的「牒」（考生的家籍憑證，包括籍貫、父祖、年齡、相貌等身份材料）到其所在的州、縣「投牒自舉」，即以書面形式提出申請，經嚴格篩選考試合格者再由州送尚書省參加省試。因每年這個時候考生們都隨地方向京師進貢的糧稅特產一道解赴朝廷，所以稱他們為鄉貢或貢士。考生向州、縣投牒自進稱為「求解」、「取解」，預試獲得第一名的稱為「解元」或「解頭」。

科舉考試嚴格限制考生的家庭出身，唐代規定犯過法的人、州縣衙門的役吏、工商業者等社會地位低下的人不得參加科舉考試。到了宋代，雖然允許工商業者、「雜類」人等報考科舉，但又在此前基礎上規定，不孝不悌者、和尚道士歸俗者沒有資格參加科舉。所謂不孝不悌，是指不遵守封建社會道德，如不孝順父母，不遵從長幼有序之類。清代規定凡是家庭中三代之內有娼（妓女）、優（演員）、皂（役吏）、隸（奴隸）者，都屬於家庭出身不清白，這些人的子孫後代及殘疾人都被排斥在科舉考試之外。傭人、看門人、轎夫、媒婆、剃頭修腳者也都屬於「身世不清」之列，也都沒有參加科舉考試的資格。

除了嚴格限制考生的出身外，科舉考試還嚴格要求考生到籍貫所在地報考，我們現在的高考仍沿用這一制度。唐代初期曾要求考生在籍貫所在地報考，到唐代中後期已經允許考生在別地報考。大詩人白居易出生於鄭州，籍貫是太原下邽，父親死後移居洛陽，但白居易既沒有回原籍太原考試，也沒有在居住的洛陽考試，而是到宣州參加州縣解試，又從宣州被解送到長安參加進士科考試。宋代時期，考慮到各省文化水平的差異性，府州解試競爭激烈程度不一，有些考生為了能到競爭相對較小的、錄取率較高的地區應試，便冒充這些地區的籍貫，稱為「冒籍」。因此，為便於考察考生的出身和道德品質，維護科舉考試區域配額制度的公正性，一般要求考生在籍貫所在地報考，並對「冒籍」的考生予以嚴懲。如在明萬曆三年（一五七五年），朝廷曾制定相應的管理辦法以防止冒籍，指出：有的考生利用有些地方人才少的機會，或冒充這些地方籍貫，或在兩個不同的地方入學、報考，行為一經查出，不但考生自己要受到發回原籍的嚴懲，而且當地的官學教師和結保者也要一同治罪。代宗景泰四年（一四五三年），順天府發現取中的舉人中有十二人是冒籍的，結果全部由錦衣衛逮捕後送至刑部問罪，終身不許再參加科舉考試。

科舉考試除了在家庭出身和本地籍貫兩方面進行限制以外，絕大多數的人都可以自由報考，而且能終身應試，因此，對應舉入仕的考生年齡一般不作嚴格限制，只要有持之以恆的毅力和勇氣，從垂髫少年到耄耋老人都有資格參加考試，因而歷代都不乏高齡考生和高齡考取的人。如唐昭宗光化四年（九〇一年）這一榜進士二十六人中，陳光問六十九歲、曹松五十四歲、王希羽七十三歲、劉象七十歲、柯崇六十四歲、鄭希顏五十九歲，昭宗同情他們長期參加科舉，到如此大年齡才中舉，就免除他們參加吏部銓選，破例直接授予他們官職，當時稱他們為「五老榜」。

古代知識份子為獲得躋身於上層社會的通行證，實現終身夢寐以求的入仕願望，許多考生即使不第潦倒也始終不甘心放棄參加科舉，以求謀得一官半職，光耀門楣，因此在中國古代科舉史上，父子同時赴考、祖孫同年登第的情況也就屢見不鮮。清代乾隆年間曾多次特詔賜予年過七旬的下第舉人，還下令秀才參加鄉試年齡在八十歲以上者可欽賜舉人。廣東一位名叫謝啟祚的人，年已九十八歲，但卻不願接受皇帝的破格錄取，自稱科舉是確立一個人名分的大事，堅持不懈就一定能及第，他堅持參加乾隆五十一年（一七八六年）的鄉試。不知是他考試發揮特別出色，還是主考官有意滿足他的願望，這次考試他果真考上了舉人。出榜後，謝啟祚把自己中舉比作老處女出嫁，悲喜交加的複雜心情在他的一首《老女出嫁》的詩中表露無遺：

行年九十八，出嫁不勝羞。
照鏡花生靨，持梳雪滿頭。
自知真處女，人號老風流。
寄語青春女，休誇早好逑。

中舉後的第二年，謝啟祚又進京參加會試，乾隆皇帝特地恩賜了他國子監司業的官銜。乾隆五十五年（一七九〇年），在皇帝過八十大壽的時候，謝啟祚又託福晉升為鴻臚卿，他活到將近一百二十歲。

在科舉考試的報考限制中，有一條不成文的規定，即不允許女性參加考試，這主要是因為君主時代官僚體系中除少量宮官外不設置女性官員。以選官為目的的科舉自然不會讓女性參加。唐代女詩人魚玄機曾慨歎自己生為女兒，空有滿腹才情，卻無法與鬚眉男子一爭高下，寫下「自恨羅衣掩詩句，舉頭空羨榜中名」的詩句。

此外，科舉制度的影響力還蔓延到東亞和西方一些國家，日本、朝鮮、越南等國都曾效仿中國實行科舉制度，不少西方國家也借鑒科舉制度建立了文官制度。科舉制度也吸引了外國人參加，而且考中的人還不少。唐代曾設立「賓貢進士」制度專門優待外國考生，並相對放寬條件錄取一些日本人、朝鮮人、波斯人和猶太人等作為賓貢進士。朝鮮歷史上在中國參加科舉考試並考上進士且有姓名可考的就多達五十三人。此後，宋元明清代也都有外國人參加科舉考試的記載，可見科舉制度影響之大，報考範圍之廣。

考試科目、內容與方法

科舉考試為避免考生過多造成人力物力的浪費，歷朝歷代都對報考者實行預備考試，以選拔已經具備一定知識水平的人參加，這種預備性考試即是科舉中的解送考試，這種考試的難度和競爭的激烈程度往往不亞於中央一級的選拔。唐代科舉考試分為發解試（府州試）和省試兩級，宋代發展成州試、省試和殿試三級，到明洪武十七年（一三八四年）禮部頒佈「科舉程式」，將科舉規定為童試、鄉試、會試和殿試四級，這成為明清科舉制度的固定模式，一直沿用到科舉停罷。童試，是最初級的地方縣、府考試。凡是沒有取得縣學、州學、府學學生資格的人，不論年齡大小，通稱為童生，因此，童生可以是兒童、青壯年，也可以是白髮蒼蒼的老人。為取得入學資格，讀書人必須首先參加童試，童試包括縣試、府試和院試三個階段的考試。通過院試錄取的考生被稱為生員，也稱為秀才、茂才、文生、相公等。嚴格地說來，童試只是一種入學考試，童試合格者只表示已取得了地方官學學生的資格。鄉試又稱為鄉闈，在南、北直隸

（南京和北京）及各省省會舉行，每三年一次，考試的時間是在農曆八月初九、十二和十五三天，又稱為秋闈、秋試、秋榜、桂榜，又叫「大比」。清代還在皇帝登基、大壽等喜慶的年份特別舉行鄉試，稱為鄉試恩科。鄉試錄取者為「舉人」，俗稱「孝廉」。舉人不僅可以進京參加全國性的會試，即使會試未能考中進士，也具備了做官的資格。會試是集中會考的意思，鄉試後的第二年在京城貢院舉行，由皇帝任命的主考官和同考官主持。會試錄取後被稱為「貢士」，貢士在參加殿試之前，還要進行一次復試，這種復試於康熙五十一年（一七一二年）至嘉慶初成為定制。復試結果分為一、二、三等。明初殿試的時間為三月初一，自成化八年（一四七二年）起改為三月十五。乾隆二十六年（一七六一年）以後，將殿試定為四月二十一日舉行。殿試的地點，清初在天安門外，乾隆五十四年（一七八九年）改在保和殿考試。明清的殿試沒有淘汰，只是通過考試排出名甲。放榜分為三甲，一甲賜進士及第，只有三名，依次為狀元（殿元）、榜眼、探花，合成三鼎甲；二甲為進士出身，有若干人，第一名為傳臚；三甲為賜同進士出身。

在考試內容方面，從隋煬帝時期開設的進士科，以考試策問為主來選取進士。策問就是有關國家政治經濟生活等方面的論文，此時進士科考試只有試策，「到高宗時考功員外郎劉思立始奏進士加雜文，明經加帖」。雜文就是詩賦，帖是帖經。此後發展為口試、帖經、墨義、策問、詩賦五種形式。所考內容主要是儒家經典，在唐代就是《五經正義》。

帖經，是唐代科舉考試的一種重要形式。據《通典．選舉三》說主考官任取經書的一頁，將左右兩邊遮蓋，中間只露出一行，另用紙帖三至五字不等，要應試者將所帖的字填寫出來。這種考試方法必須通過熟讀經書才能答出，不過出題範圍僅限於《五經正義》。

墨義，是一種簡單的筆試問答，只要熟讀經文和注疏就能回答。墨義設置的問題通常比較簡便，常要問三十條、五十條或一百條才能統計成績。這種方法全靠死記硬背，與帖經的目的一樣，都是為了考察考生對一定知識的掌握程度。墨義中問答的方式有時也採取口試的方法，較為靈活。

策問，是要對現實問題提出建議，比帖經、墨義高深，內容大都涉及當時政治、吏治、教化、生產等方面的問題。當時各科考試中起決定作用的大都在策問上，它對於考察考生的政治才能是一個較為有效的方式。唐代及第進士因此出現不少有才幹的宰相郡守，但久而久之，這種考試方法也暴露出不少弊端。如士子們常常用前人編集成冊的舊策來讀誦以應付考試，據說白居易也曾帶着舊策集和一同應試的人「攜以就試，相顧而笑」。不少人只讀舊策、束書不觀的現象在所難免。

詩賦，是唐高宗永隆二年（六八一年）考功員外郎劉思立認為明經多抄義條，進士惟誦舊策，都沒有實才，奏請進士加試雜文二篇（一詩一賦），是為唐代試詩賦之始。至唐文宗太和八年（八三四年）禮部罷進士議論而試詩賦，詩賦和策問同居重要地位。後來，實際上進士科的考試更偏重於詩賦，即使帖經不及格的，詩賦好也可以放寬通過。這時詩賦在科舉考試中佔據重要地位，主要是因為唐詩的盛行，唐詩在當時已經成為通行的文體。應進士科者通常將自己的文學創作擇優編成文卷，投獻給當時達官貴人或文壇名人求得他們賞識推薦，以提高知名度和及第機會，這種習尚稱為「行卷」。天寶元年（七四二年）以後，朝廷還下令舉子於考試前將平日所作詩文交納給主考官，以供核實並知其所長，這種形式叫做納「省卷」。

唐代科舉分為常舉和制舉。制舉，如前文所述，是由皇帝臨時下制詔舉行。常舉，即「常貢之科」（包括前文所述的「生徒」和「鄉貢」），是常年按制度舉行的科目。常舉的科目繁多，主要有秀才、明經、進士、明法、明書、明算等六科。秀才科為最高科等。但六科中最常舉行的僅有明經、進士兩科，最初這兩科都只考策論，考試內容是經義或時務策。後來雖然這兩科的考試內容都有些許變化，但其基本精神是：進士重詩賦，明經重帖經和墨義。到唐高宗咸亨（六七〇—六七四年）以後科舉更趨向於考進士科，武周時期進士科更成為入仕的主要途徑。當時以考中進士為最榮耀的事，其得人也最盛，就是皇帝特詔的「制舉出身，名望雖高，猶居進士之下」。到宋代，科舉逐漸制度化，考試內容和範圍更是被嚴格限制在儒家經典著作中，至明清時期，科舉作為全國統一的取士制度已成熟完善，考試標準嚴格刻板，考試科目簡化為只有進士一科，考試內容的範圍較之從前更加狹窄，經義僅限於《四書》、《易》、《詩》、《書》、《禮》、《春秋》。

明代以時文取士。時文或稱制藝，或稱八股文，或稱時藝、四書文、八比文。制藝言其為制科（科舉）之文，八股言其形式，四書則言其內容，因為出題取自四書，而又須依經按傳，代聖賢立言。鄉試三場，首場試四書義三道、經義四道，二場試論一道、判五道、詔誥表內科一道，三場試經史時務策論五道。三場重在首場，首場經義或稱五經文，作四書文，亦用八股文式。八股文始於明憲宗成化二十三年（一四八七年），是一種排偶文體，著名思想家顧炎武在《日知錄》中稱：「經義之文，流俗謂之八股……股者，對偶之名也。」八股文格式固定呆板，清規戒律諸多，有不少苛刻繁瑣的要求。每篇八股文的結構由破題、承題、起講、入手、起股、中股、後股、束股和大結組成。字數方面，八股文也有嚴格的規定。洪武三年（一三七〇年）規定四書義限制在三百字以內，五經義限五百字；洪武十七年（一三八四年）又規定四書義每道二百字以上，五經義每道三百字以上，都沒有規定上限。清初，頭場限五百五十字，康熙二十年（一六八一年）增加了一百多字。乾隆之後，都限制在七百字以內。除了在形式上，八股文在內容上也有嚴格的限制。八股文的命題均局限在「四書」「五經」中，而且答案內容必須以朱熹的《四書集注》等儒家經典為依據，不許自由發揮，並模仿古人語氣「代聖人立言」。自明代採取八股文取士之後，學校教育的重心就轉向訓練學生讀八股、作八股，不但不學史書、算學、天文等知識，甚至連經書也束之高閣。顧炎武曾批評說：「八股之害，等於焚書，而敗壞人才有甚於咸陽之郊所坑者。」儘管八股取士在當時已暴露出諸多弊端，但在腐朽的封建統治下，並不具備根本改革科舉制度的條件和基礎，八股文控制了科舉考試長達近五百年（一四八七—一八九八）之久。

科舉考試對於每個讀書人來說都可稱之為人生中的最為重要的事。應考者們寒窗苦讀數十載，黃卷青燈，終日過着熟讀經典、吟誦詩文的單調生活，投入極大的時間、精力、財力，其過程可謂異常艱辛。科舉考試不但很難，而且考場生活也很苦。考生在進入貢院考試之時要經過嚴格的搜檢，考場官吏對照名冊嚴格盤查考生姓名、出身、年齡等，甚至連高低胖瘦，什麼臉型，有沒有鬍鬚等也一一詢問查看，古人沒有相片，要防止冒籍現象，只能細緻如此。此外，負責搜檢的士兵還要對考生上下全身搜索一遍，把攜帶的物品檢查一番，看看有沒有挾帶舞弊的資料。官吏、士兵個個長呼短喝，讓文弱書生們個個心悸膽寒。杜牧曾記載過一個舉子，進場考試時因受不了這樣盤查的屈辱，一氣之下跑出貢院。唐太和元年（八二七年）舉行省試時，從江西來的儒雅翩翩的李飛進入考場時，門吏像喊犯人一樣叫他的名字，拿着名冊和他的身份證明材料，上下左右盯着他打量。李飛十分不高興，憤慨地說：「選賢才有這樣的選法

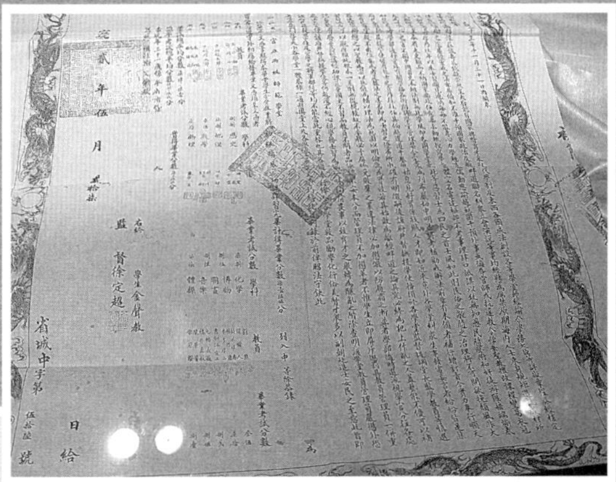

貢院

嗎？」第二天他便捲起鋪蓋徑直返鄉了。這位李飛就是後來赫赫有名的指斥元縝、白居易的詩為「淫言蝶語」「纖豔不逞，非莊人雅士，多為其所破壞」的李戡。

在唐代科舉考試的時間通常為一整天，至唐穆宗長慶年間（八二一－八二四），考試時間可延長到晚上，答卷時間以白天加上三條木燭燒盡的時間，三支燭燒盡就要收卷。相傳考生韋承貽寫過一首詩來表達考試的艱辛：

白蓮千朵照廊明，一片升平雅頌聲。
才唱第三條燭盡，南宮（指尚書省）風月畫難成。

直到宋代，科舉考試的時間才多限制在白天。考試的當天，舉子們需自帶茶具、熱飯和取暖用的木炭、照明用的燭炬、簡易的桌椅等用具到貢院（即專門為科舉考試建立的考場），此外還允許帶一本供查韻腳字的韻書，其他的則一律不許攜帶。明清時期，由於每位考生都有單獨的號舍，且需要在考場中過夜，因此他們所攜帶的東西就更多，除攜帶筆墨用具以外，還要攜帶餐具、食品等。考場內兵衛森嚴，號舍短屋，條件艱苦，頗令考生難堪。浙江《鄉闈詩》有云，「負凳提籃渾似丐，過堂唱號直如囚」，生動刻畫出考生的狼狽形象。

進士及第牌匾

錄取、及第後的待遇

唐代科舉「進士重詩賦，明經重帖經和墨義」，雖沒有明確錄取的人數，但明經科的名額遠遠多於進士科，一般「進士大抵千人得第者百一二，明經倍之，得第者十一二」。進士科平均每科錄取約為二十五人，明經科每科錄取可達一二百人，兩科錄取人數之懸殊由此可見。因此，進士及第是很困難的事情，當時流行這樣一句諺語：「三十老明經，五十少進士」，是指三十歲考中明經已經算老了，可若五十歲能中進士也還算年少。唐代二百年間進士登科的人數總共才三千多人，且考取進士後要再經吏部考試才能授予官職。

科舉考試雖難，但進士及第是唐代最光耀門楣的事。當時稱登科的為「登龍門」，意思是說過此門魚可以化為龍，成為另一族類、另一階級，進而飛黃騰達。唐代省試以後，經中書門下省復核以後，就開始「放榜」，即公佈錄取名單。唐代放榜時間多集中在二月，二月正值春天，因此被稱為「春榜」，唐詩云：「門外報春榜，喜君天下知。」放榜的地點在禮部南院東牆，時間為當日凌晨，進士榜榜頭豎帖四張黃紙，所以及第者和祝賀者往往又將進士榜稱為「金榜」，進士及第也由此被稱為「金榜題名」。何扶在一首詩中說道：

金榜題名墨尚新，今年依舊去年春。
花間每被紅妝問，何事重來只一人？

公佈錄取名單對考生們來說是最令人興奮的時刻，也是最令人心痛的時刻，及第者的歡呼雀躍和落第者的悲痛欲絕形成鮮明對比。白居易二十七歲一舉及第，寫詩道：「慈恩塔下題名處，十七人中最少年。」志得意滿之情溢於言表。然而對於落第者來說則是心如死灰，孫定在景福二年（八九三年）落第以後寫下的一首詩，則是其內心悲痛的真切表露：

行行血淚灑塵襟，事逐東流渭水深。
秋跨蹇驢風尚緊，靜投孤店日初沉。
一枝猶掛東堂夢，千里空馳北巷心。
明月悲歌又前去，滿城煙樹噪春禽。

宋代解試考試成績合格，即由州府長吏舉送禮部參加省試。關於解試合格名額即解額，初無定數，太宗時期每舉約為一萬人，淳化元年（九九〇年）曾達到兩萬人之多。宋代解試合格者成為得解舉人，即得到解送禮部省試資格的應舉人，其第一名稱「解元」。宋代繼承了五代後唐的制度，對於某些應舉人可以免於參加解試而直接參加省試，稱作「免解」。對於邊遠地區的舉人、太學的某些生員及因戰功、大赦，也可特別恩賜予以免解，免解舉人最多時，一舉可至上千人。省試合格後，由知舉官奏明皇帝，參加殿試，宋明清時代的殿試，沒有淘汰，均以考試成績排出名次等甲。進士前十名通常由皇帝親自確定，進士自宋太宗太平興國八年（九八三年）始分為三甲（等），淳化三年（九九二年）後，則一般分為五甲（等）。北宋時，進士殿試第一人稱狀元或榜首、狀頭，第二人稱榜眼，年最少者為探花。至南宋後期，始稱「第一名狀元及第，第二名榜眼，第三名探花」（《夢梁錄》卷三）。有人鄉試、會試和殿試皆獲得第一名，稱作「連中三元」。中狀元之後立即授予翰林院修撰官職，榜眼、探花立即任用為翰林院編修。後來清康熙時，凡中二、三甲進士的統統任用為知縣。

科舉及第能大大改善讀書人的社會、經濟地位，及第者在社會上威風八面，聲勢顯赫。如在清代，秀才見知縣只能是拜見，而舉人則是會見，這也就意味着舉人有與縣太爺平起平坐的身份。知縣在客廳會見舉人老爺，是不能端茶送客的。舉人犯了罪，也必須先向學政報告，先將功名革去以後才能按平民身份進行審理。此外，考中舉人在經濟上也會發生根本改變。《儒林外史》中記載，范進中了舉人之後，很多人前來拜「新中的范老爺」，「自此以後，果然有許多人來奉承他：有送田產的，有送店房的，還有那些破落戶，兩口子來投身為僕圖蔭庇的。到兩三個月，范進家奴僕、丫環都有了，錢、米是不消說了」。

唐代明經、進士及第之後只是取得了做官的資格，還不能直接入仕做官，必須再經過吏部考試，及格後才能分配官職，脫去粗麻布衣，換上官服，即所謂「釋褐」（又稱「解褐」），表明從此不再是平民百姓，而是步入仕途了。釋褐所授官職通常包括散官和職事官。散官表示品階、級別，職事官才是實際職務。關於所授散官，據《新唐書．選舉志》載：「凡秀才，上上第，正八品上；上中第，正八品下；上下第，從八品上；中上第，從八品下。明經，上上第，從八品下；上中第，正九品上；上下第，正九品下；中上第，從九品下。進士、明法，甲第，從九品上；乙第，從九品下。」由此可見，唐代科舉出身者初授品階是很低的，當然其所授職事官也不會太高。宋初傳承五代後唐的制度，進士、諸科及第之後，並由禮部貢院關送吏部南曹，試判三道，亦稱關試。關試合格，始釋褐授官。宋太宗太平興國二年（九七七年），進士、諸科及第、出身者共五百人，不經關試皆釋褐授官。宋代進士、諸科及第所授官職亦包括階官與職事官，而且其官職高低在不同時期也有所變化，但總體來說授官等級是逐漸提高、較為優渥的。未授官先釋褐、及第即授官（後改為第五甲同出身者守選）、授官優渥等是宋代科舉制度在釋褐授官方面與唐代的主要不同之處。這突出表明，科舉取士在宋代官僚政治中的地位有了很大的提高。隨後元明清代取士授官在官職、待遇等方面均優於宋代，每榜取士人數較少為其中一個原因。

科舉制的影響

科舉制的是非功過，直到今天還是一個見仁見智的爭議性問題。在中國歷史上存活了一千三百多年的科舉制度不僅是封建政府取士選官的有力措施，也成為封建知識份子進入官場的階梯，成為人們取得高官厚祿的最佳途徑。它把讀書、應考和做官三件事緊密聯繫起來，自然受到封建知識份子的廣泛擁護和支持。

科舉制度所以產生於隋，而完備於唐，主要是因為隋、唐時期三百年間是中國封建專制國家的再建和發展時期，急需大批幹練的官吏。此外，由於階級的變化，魏晉以來士族制度的崩潰瓦解，庶族地主勢力逐漸擴大，庶族地主在掌握經濟實力的基礎上要求政權的再分配。政治上，唐王朝為加強中央皇權，必須將考選之權由豪族手中奪歸至國家，從地方世族手中集中到中央政府手裏，一定程度上限制了地方豪族的政治特權，同時又滿足了庶族地主參加政權的要求，為擴大政權的階級基礎，維持國家的統一、穩定起了很大的作用。另外，取士制度逐漸走向採取一定的客觀標準，也是考試制度本身進一步發展的要求。總之，科舉制是加強中央皇權統治的考選制度，它的產生不僅是時代的需要，也是取士制度發展的必然趨勢。

在政治上，唐代科舉制度將選考和任用官員的權力集中到中央，極大加強了皇權，唐太宗私幸端門時見新進士接連而出，高興地稱道：「天下英雄入吾彀中矣。」武則天時期，通過科舉提拔了一批政治幹才，為開元盛世提供了一批較有作為的官僚。

在社會風氣上，科舉制度調動了地主階級，特別是中小地主子弟的學習積極性，他們一心一意考進士，希望通過科舉來取得高官厚祿，雖老死於文場，也無所恨。唐禮部員外郎沈既濟說：「父教其子，兄教其弟，無所易者。……五尺童子，恥不言文墨焉。」由於科舉盛行，就連一些貴族子弟也不把出身門蔭放在心上，也去埋頭苦讀，有望一日金榜題名。唐宗室子孫李洞因屢考不中，竟想去哭祖墳，其詩說：「公道此時如不得，昭陵慟哭一生休」。可見不論富貴子弟還是平民子弟要想改變自己的命運，都必須通過科舉階梯進入主流社會。科舉制度的長期實行，使官員的文化素養得到基本的保證，對澄清吏治、穩定社會、鼓勵向學曾起過重要的作用。

在教育上，科舉制度間接擴大了教育範圍，打破了豪族地主壟斷教育的情況，促進了學校數量的增加。唐太宗以後，宰相多從科舉出身，所以大家都埋頭於舉業的準備，從而刺激了官學和私學的發展。在考試方法上，科舉制也較之兩漢時的察舉制和魏晉時的九品中正制更為完善、規整、嚴謹，特別是有了一個衡量知識才能的統一的客觀標準。事實上，隋唐通過科舉，確實為中央選拔了不少各方面的人才，如名相房玄齡、大詩人白居易、大文學家韓愈等都是進士出身，所以科舉制度在中國古代是起過積極作用的。不僅如此，這種用考試而不是憑藉個人出身門第或世襲制來選拔官吏的辦法在當時是首創的，對於歐洲、亞洲各國的文官考試也有所影響，起到了積極的作用。

科舉不僅是一種選拔人才的制度，也是中國傳統文化中的一個重要的文化現象，它對中華民族傳統文化的傳承和沿襲具有重要作用，主要反映在儒家文化的發展和唐詩興盛兩個方面。具體來說，以科舉制為最主要的媒介，漢武帝「獨尊儒術」後，儒家文化獨領風騷，漢武帝元光元年（前一三四年）「舉孝廉」科的實施是以儒學為取士的最重要標準。至宋代，隨着科舉的制度化，科舉考試的內容範圍被嚴格限制在儒家經典著作中，儒家經典成為科舉考試的標準文本，科舉制基本成為一種以考察對於儒學了解狀況為選擇標準的選官制度。封建專制政權憑藉科舉制度作為維繫以儒家價值體系為意識形態核心的根本手段，對光大中國儒學經典起着舉足輕重的作用。

此外，唐代作為科舉制度的奠基期，為後世代發展科舉提供了堅實的政治和社會基礎。唐代科舉主要以詩賦取士，這是唐詩得以推廣和繁榮的關鍵所在。唐詩中許多膾炙人口的佳作皆為行卷作品。詩賦在唐代進士科的地位如此突出，以至於顧炎武也認定，「以詩、賦取者謂之進士」。唐代開詩賦取士之風，大大促進了詩歌的繁榮。通過科舉考試，把作詩投送作為入仕之道，這必然促使世人對詩的努力學習和鑽研。當時整個知識份子階層幾乎都是詩歌作者，詩成了知識份子學習、鑽研的必修科目。這種重詩風氣對唐詩的促進是可想而知的。除知識份子之外，科舉普遍地吸引中下層社會的人入仕。這些人都不同程度地經歷了生活的磨練，其詩作題材與生活更加貼近，內容更加豐富，意境更加高遠，這正是唐詩千古不朽的魅力所在。唐代大多數詩人都走過科舉之路，唐詩百花紛呈的繁榮局面與科舉增設詩賦密不可分。

然而，在承認科舉制度所起到的積極作用的同時，還必須看到其對於文化教育的消極影響。唐代以後，學校逐漸淪為科舉的附庸，學校的教學內容也以科舉考試的內容為主，學校的培養目標則統統指向參加科舉，登科及第。由此，學校逐漸衰微，科舉實際成為教育制度的重心。科舉考試內容的局限也讓應考者將畢生精力全部花費在少數幾部經典、詩賦和注疏著作中，養成了只重記憶不求義理的習慣，忽視了知識的實用性，使得科舉選拔中出現了不少庸才。同時，科舉考試對科學技術等方面的忽視使國民科技水平大幅落後，而真正有才能的人也同樣被埋沒了。宋代王安石曾試圖改革科舉制度，卻無奈以失敗告終，他曾慨歎說：「本欲變學究為秀才，不謂變秀才為學究。」科舉考試脫離實際的弊病並非某一方面的改革所能徹底改變的，而科舉制度統領下的社會以「學而優則仕」作為價值取向，對商品經濟的發展起着阻礙作用，也極大地抑制了中國封建社會經濟制度的發展。

瑰麗多姿的教學思想

引言

培養德才兼備、修己安人的君子，是儒家孜孜以求的教育目標，而美德與學問並非生而知之，必須經由系統有序的教學活動來完成。自先秦以降，儒家歷代學者都高度重視教學的價值，自覺地將為師從教視作自身的天職，悉心探索教學活動中的奧秘。圍繞着「教什麼」「如何教」等問題，古代教育家各抒己見，諸多見解主張交相輝映，編織成一幅絢爛奪目的畫卷。

教學內容與課程設置

儒家的教學內容承接自西周時期的「六藝」教育傳統，但作為儒家創始人的孔子並沒有拘泥於此。經過創新和改造，孔子建立起獨具一格的教學內容體系，並編定了一套相應的基本教材——「六經」。後世沿用日久，「六經」由教材名稱逐漸演變成了科目的代稱。因《樂經》自秦代起失傳，故「五經」作為課程總稱取代了「六藝」，成為中國古代教育的核心教學內容。此外，南宋教育家朱熹將《論語》、《孟子》、《大學》、《中庸》四部儒家經典合編並注釋，簡稱「四書」。「四書」後來經朝廷審定作為學校官定教科書，廣泛盛行於元明清三代，構成了小學教育階段的基本教學內容。

一、六藝

六藝，指禮、樂、射、御、書、數等六門課程，是西周時期貴族教育體系的主幹部分。《周禮．保氏》記載：「養國子以道，乃教之六藝：一曰五禮，二曰六樂，三曰五射，四曰五御，五曰六書，六曰九數。」六藝有大藝和小藝之分，禮、樂、射、御為「大藝」，屬於大學課程；書、數為小藝，屬於小學課程。

禮、樂。禮，即政治倫理道德課，是大學中最重要的課程。禮，起源於祭祀，自然崇拜、圖騰崇拜、鬼神崇拜、祖先崇拜和巫術活動中都包含並孕育着各種禮儀。國學所教之禮，具體包括「五禮」，涵蓋了政治、倫理、軍事、社會生活等一切方面的法律和道德規範，是西周的立國之本。貴族子弟只有學會了「禮」，其行動才會合乎規範，彰顯貴族的尊嚴，進而才能為官和治民。

樂，即綜合藝術課，是各門藝術的總稱。「樂者，樂也」，凡是使人快樂、使人的感官得到享受的東西，都可泛稱為「樂」，包括音樂、詩歌、舞蹈、繪畫、建築、雕刻、田獵、肴饌等。作為課程，樂教的主要內容是「六樂」，即雲門、大咸、大韶、大夏、大濩、大武等六套樂舞。樂與禮緊密相聯，凡是行禮的地方都需要有樂配合。因此，樂教不僅具有藝術教育的功能，而

吉禮	凶禮	賓禮	軍禮	嘉禮
五禮之首，就是祭禮，事天地鬼神，包括對上帝、日月星辰、社稷、五嶽、山林川澤及四方百物的祭祀。祭則受福，故稱「吉」。	對喪葬、災禍、國敗、寇亂等的哀吊。其中，以喪禮為最重。	國際間的交接儀式，以親睦鄰邦。天子諸侯之間的朝聘之禮。	與戰爭相關的各種禮儀，包括校閱、出師、乞師、致師、獻捷、獻俘等。	涉及日常生活中的各種應酬交際，以達到由自親到親萬民。包括飲食禮、婚冠禮、賓射禮、餉燕禮、月辰膰禮、賀慶禮等。

五禮

且是政治倫理教育的載體。《禮記・文王世子》中記載：「凡三王教世子，必以禮樂。樂所以修內也，禮所以修外也。禮樂交錯於中，發形於外，是故其成也懌，恭敬而溫文。」可見，禮的作用在於約束人的外部行為，具有一定的強制性；樂的作用在於陶冶人的內心情感，使具有外部強制性的禮變為能獲得自我滿足的內在精神需要。禮、樂二者，共同構成了六藝教育的中心，發揮着各自不同但相輔相成的教育作用。

射、御。射、御，即軍事訓練課。射，指射箭技術的訓練；御，指駕馭戰車技術的訓練。奴隸制國家要求貴族子弟成為「持干戈以衛社稷」的武士，因此，射箭和駕車是他們必須掌握的基本軍事技能。習射的要求主要為準確度、速度、力度和禮節；習御的要求主要為節奏、靈活、控制、準確、速度和儀態。二者都將禮節儀態納入評判優劣的標準，充分體現了西周「尊禮」的主導思想。

書、數。書、數，即基礎文化課。書，指文字書寫；數，指計算、算法。六藝教育的起始階段，重點就在於識字、寫字。書的教學主要涉及「六書」，即學習指事、象形、形聲、會意、轉注、假借等造字和識字的方法。數的教學主要涉及「九數」，包括學習數數目、甲子記日法和培養一般計算能力等。

五射	說明
白矢	射穿箭靶而箭頭發白，重在臂力
參連	三箭連發，重在速度
剡注	矢入箭靶，頸高頭低，重在易入
襄尺	尊卑同射，卑退一尺，以別上下
井儀	四箭中靶，要求成「井」型，重在準確

射的技術標準「五射」

五御	說明
鳴和鸞	車上鈴聲隨車行而鳴，富有節奏
逐水曲	駕車依曲折岸道疾馳而不墜水
過君表	驅車穿過轅門間障礙物，準確而不相礙
舞交衢	駕車往來馳驅交叉道上似舞蹈輕盈適度
逐禽左	驅車攔獸於左方，以利君射

御的技術標準「五御」

射、御

方田	田畝面積計算
少廣	開平方和開立方
粟米	按比例交換
盈不足	運用假設的方法解決難題
衰分	按比例分配
方程	聯立一次方程及正負數
商功	工程計算
勾股	勾股定理
均輸	按照人口、路途等條件，合理安排運輸賦粟和分配徭役

九數

六藝教育，兼顧高級與初級兩個階段，既重文事又重武備，既重思想道德又重文化知識，既重傳統文化又重實用技能，既重禮儀規範又重情感修養，奠定了中國古代教育的課程基礎。但隨着社會的發展，到了西周後期，六藝教育逐漸發生蛻變，實用色彩日益弱化，特別是射、御已失去其原本的軍事意義。

二、六經

六經，是《詩》、《書》、《禮》、《樂》、《易》、《春秋》的合稱。這六部古籍在孔子之前早已存在，為王室貴族所有。孔子晚年對其加以整理，作為教學的基本教材，後人稱之為「六經」。**《詩》**，即《詩經》，是中國最早的詩歌選集，共三〇五篇。《詩》中包含的內容非常廣泛，從西周初年到春秋中葉跨越五百年的歷史，分風、雅、頌三個部分。風，包括十五國的民歌；雅，是貴族文人抒發思想感情的作品；頌，是宗廟祭祖時所用的樂歌。《詩》中的篇章多以四言，運用賦、比、興的手法，語言樸素優美，描寫生動傳神，音節自然和諧。孔子認為《詩》具有極高的教育價值，他在《論語．陽貨》中說：「詩，可以興，可以觀，可以群，可以怨，邇之事父，遠之事君，多識於鳥獸草木之名。」就是說，學《詩》可以使學生學會比喻聯想，學會觀察社會；可以培養學生的合群性，具備諷刺批判現實的能力；可以培養事父、事君的才能，還可以掌握鳥獸草木等自然常識。

《書》，又稱《尚書》，是古代政治文獻的彙編。相傳孔子刪訂為百篇，現今流傳下來的共二十八篇。該書記載了夏商以來，特別是周初奴隸制國家的詔令文告。從內容上可分為祭祀文告和戰爭文告兩類，從文體形式上可分為上行的奏議和下行的詔令兩類。《書》的編撰目的是讓學生學習先王之道，選取的材料都符合垂世立教、示人規範的政治標準。

《禮》，又稱《儀禮》或《士禮》，是西周和春秋時期婚、喪、祭、飲、射、朝、聘等各種典禮儀節的彙編，共十七篇。孔子極其重視禮的教育，認為「不學禮，無以立」，進而提出「非禮勿視，非禮勿聽，非禮勿言，非禮勿動」。不過，流傳後世的《禮》並非僅止《儀禮》一部，它與《周禮》、《禮記》，合稱「三禮」。在「三禮」之中，相傳為周公所作的《周禮》偏重記錄周代的官制和政治制度，通常認為由孔子編定的《儀禮》偏重對禮節儀式的詳細規範，西漢禮學家戴聖編定的《禮記》則偏重對具體禮儀的解釋和論述。這三部儒家經典，共同構成了中國古代禮儀制度的百科全書。

《樂》，作為儒家經典是否真實存在，有兩種說法。一說確有《樂經》，後因秦焚書而散佚；

一說本無《樂經》，附於《詩經》之中，「樂」為曲調，「詩」為歌詞。究竟有無，仍為懸案。在六藝當中，孔子最重視的就是禮和樂。他認為，禮與樂各有所長，在育人過程中相輔相成，能夠發揮出巨大作用。

《易》，又名《周易》，是卜筮使用的書。該書重在講述事物的變化，認為陰陽兩種勢力的相互作用是產生萬物的根源。由陰爻和陽爻兩種基本符號配合組成的八卦，象徵八類事物（天、地、雷、風、水、火、山、澤），再將八卦兩兩相重組成六十四卦，共三百八十四爻。卦、爻各有說明，稱為卦辭和爻辭，用來推測自然和社會的變化。《周易》分為經和傳兩個部分，經包括卦辭和爻辭；傳包括解釋卦辭和爻辭的七種文辭，共十篇。《易》為高深學問，孔子晚年才開始熟讀精研，所以只是傳授少數弟子。

《春秋》，是中國現存的第一部編年史，記載了魯隱公元年至魯哀公十四年共二百四十二年的歷史，涉及政治、經濟、軍事、天文、地理、災異等多方面資料。孔子編寫《春秋》的目的在於用歷史來「正名」，即用周禮規定的等級名分來矯正不合「禮」的社會現實，使紛亂的時代恢復安定。為此，他發明了「寓褒貶，別善惡」的春秋筆法，就是用曲折隱晦的方式，表達作者的褒貶與價值判斷，往往一字之中，含有深意。由於春秋筆法言辭過簡而且晦澀，後世遂加以闡釋、補充，致使產生諸家之傳。流傳至今的《春秋公羊傳》、《春秋穀梁傳》和《春秋左氏傳》，合稱「三傳」。

孔子編修的六經是中國教育史上最早的成套教材，是教材建設史上的重大事件。通觀六經，可以發現孔子的教學內容具有如下特點：第一，重人事輕鬼神。其教學內容偏重於歷史、政治、倫理等社會現實知識，不設宗教科目，敬鬼神而遠之。第二，重文事輕武備。傳統「六藝」中的射、御等軍事知識和技能學習被淡化，居於次要地位。第三，缺乏自然知識、科學技術和生產勞動知識。在孔子看來，學習是為了從政，「君子謀道不謀食」，無須關心物質生產勞動。六經之中，作為常規教學內容的是禮、樂、詩、書四教，四者中又以前三者為重要。所謂「興於詩，立於禮，成於樂」（《論語．泰伯》）。教學應從學「詩」開始，以激發學生的情感和意志；進而學「禮」，以約束其言行；最後學「樂」，以形成其性格。

三、四書

「四書」指《論語》、《孟子》、《大學》、《中庸》四部書。其中，《論語》、《孟子》分別是孔子、孟子及其學生的言論集，《大學》、《中庸》則是《禮記》中的兩篇文章。朱熹首次把它們編在一起，並分別作了注釋。由於這四部經典分別出於早期儒家的四位代表性人物孔子、曾參、子思、孟子，所以稱為「四子書」，簡稱「四書」。「四書」作為儒家傳道、授業的基本教材，幾百年間廣泛流傳，成為元明清三代每個讀書人的必讀書。

《大學》，是先秦時期儒家道德教育的重要文獻，相傳為孔子的弟子曾參所作。文中明確闡釋了大學教育的基本綱領——「大學之道，在明明德，在親民，在止於至善」，提出了大學教育的程序步驟——八條目：格物、致知、誠意、正心、修身、齊家、治國、平天下。全文體系完整、邏輯嚴密，對於中國傳統社會知識份子的修德、為學、立世產生重大影響。以朱熹為代表的宋代理學家認為它是「初學入德之門」，故將其列為「四書」之首。

《中庸》，是一篇闡述儒家教育哲學思想的文章，一般認為作者是孔子之孫子思。文中將「中庸」確定為最高的道德標準，要求人們在道德修身和為人處世的過程中做到不偏不倚、安於本分、中正平和。文章開篇提出了這樣的命題——「天命之謂性，率性之謂道，修道之謂教」，意思是：上天所賦予的叫做性，順從和發揚這種本性叫做道，修明推廣此道叫做教。由此，儒家將先天的人性與後天的教育聯繫起來，彰顯出學習和教育對於人性發展的重要性。以此為出發點，《中庸》對於教育途徑和學習過程等問題進行了集中論述。

《論語》，是記載孔子及其弟子言行的語錄體散文集。全書共二十篇四百九十二章，其中記錄孔子言行的有四百四十四章，記錄孔門弟子言行的有四十八章。《論語》內容豐富，廣泛涉及哲學、政治、經濟、教育、文藝等諸多方面，較為集中地反映了孔子以「仁」為核心的思想主張；語言含蓄雋永，表達精煉生動，不僅傳神地描繪出孔子這一中心人物的儀態神采和個性氣質，而且成功地刻畫了眾多孔門弟子迥然不同的形象，如溫雅賢良的顏回、率直魯莽的子路、聰穎善辯的子貢、瀟灑脫俗的曾皙等。《論語》是儒家學派最具代表性的經典之作，自先秦時期直至近代新文化運動的兩千餘年裏，對於中華民族的道德、信念、性格和行為的養成產生了重大影響。

《孟子》，是記載孟子及其弟子言行的一部文集，共七篇二百六十章，每篇均分為上下兩部分。在個體層面，孟子認為人性本善，且先天具有仁、義、禮、智四種善端，倡導個人通過修養積善成德，放棄私利，以達到社會的公義。在社會層面，孟子提出「民貴君輕」說，主張統治者施「仁政」，使百姓安居樂業。《孟子》一書的語言平實暢達、精煉準確、雄健優美、氣勢磅礴，極富藝術表現力和感染力。書中大量的比喻和寓言為後人引用，逐漸演化為成語，流傳後世，經久不衰。

明察秋毫	出爾反爾	揠苗助長	捨我其誰	自暴自棄	自怨自艾
始作俑者	與民同樂	事半功倍	綽綽有餘	手舞足蹈	先知先覺
緣木求魚	水深火熱	出類拔萃	為富不仁	好為人師	專心致志
寡不敵眾	救民水火	與人為善	亂臣賊子	左右逢源	一暴十寒
茅塞頓開	獨善其身	心悅誠服	同流合污	夜以繼日	捨生取義
引而不發	不言而喻	反求諸己	一毛不拔	當務之急	杯水車薪

源自《孟子》的成語　例舉

教學過程

教學是一種社會實踐活動，需要在一定的過程中逐步展開。那麼，教學過程究竟是由哪些環節步驟構成的呢？中國古代教育家對此作出了殊途同歸的回答。

一、「學—思—行」三階段論

孔子是世界上最早闡釋教學過程的教育家之一。他將教學過程歸結為「學—思—行」三個環節，與人的一般認識過程基本相符，對於後世的教學理論和實踐產生了深遠影響。

首先，學是教學的基礎環節，是求知的唯一手段。為學者必須廣博地學習各種有益的知識，既要吸納典籍中的間接經驗，也要獲取實踐中的直接經驗。孔子主張學無常師，多聞多見，因為「三人行，必有我師」（《論語．述而》），看到別人善的方面就向人家學習，看到別人不好的方面就反省自己改正缺點。學習必須虛心，能夠誠懇地向他人請教，包括向那些社會地位低、學識膚淺的人請教，做到「敏而好學，不恥下問」（《論語．公冶長》），「以能問於不能，以多問於寡；有若無，實若虛」（《論語．泰伯》）。學習要端正態度、實事求是，「知之為知之，不知為不知，是知也」，「道聽塗說，德之棄也」。孔子要求學生在學習過程中杜絕四種毛病，「毋意、毋必、毋固、毋我」，意思是說，不憑空想像、不絕對肯定、不拘泥固執、不自以為是。此外，學習還要反覆溫習、及時鞏固，實現「溫故而知新」。孔子認為「學如不及，猶恐失之」，做學問就好像在追逐什麼似的，生怕趕不上；趕上了，還生怕丟掉了。所以，要「學而時習之」，所學知識得到了鞏固，取得了成果，內心自然會感到快樂和滿足。

其次，學與思要相互結合。所謂「學而不思則罔，思而不學則殆」（《論語．為政》），意思是說，只學習不加思考就會迷亂而不明，只思考不學習就會空乏而不實。孔子反對學而不思，要求學生在學習時多問幾個為什麼，讓積極的思考貫穿學習的整個過程。「君子有九思：視思明，聽思聰，色思溫，貌思恭，言思忠，事思敬，疑思問，忿思難，見得思義。」（《論語．季氏》）意思就是，看的時候要想想看清楚了沒有，聽的時候要想想聽明白了沒有，待人的臉色要想想是否溫和，對人的態度要想想是否恭敬，說話要想想是否忠誠，做事要想想是否認真，有了疑問要想想怎樣向人請教，遇事發怒時要想想後果，有利可得時要想想是否正當。只有經過認真思考這一環節，學習才能有所得。孔子重視「思」的價值，但也堅決反對思而不學，他說：「吾嘗終日不食，終夜不寢，以思，無益，不如學也。」（《論語．衛靈公》）

可見，學是基礎，思是關鍵，二者相輔相成，不可偏廢。

最後，學以致用，言行相符。學是為行服務的，學習得來的知識和道德如果不能應用於實際生活，不能解決現實問題，學習也就喪失了自身的價值。「誦《詩》三百，授之以政，不達；使於四方，不能專對；雖多，亦奚以為？」（《論語．子路》）的確，熟讀了《詩經》三百篇，派他去處理政務，卻行不通；派他出使外國，卻不能獨立應對；書讀得雖多，又有什麼用處呢！因此，孔子在教學過程中非常注意培養學生學以致用，學有所長。魯國權臣季康子曾問孔子，仲由（子路）、端木賜（子貢）、冉求（冉有）這三個學生能否管理政事，孔子回答說，「由也果」，「賜也達」，「求也藝」，「於從政乎何有？」（《論語．雍也》）就是說，這三個學生或為人果斷，或通達人情事理，或多才多藝，讓他們處理政事有什麼困難呢？可見，學是手段，行才是目的。為學者要言語謹慎而行動敏捷，做到「恥其言而過其行」，「訥於言而敏於行」，把所學體現於社會實踐之中，避免誇誇其談、言行脫節。

二、「聞—見—知—行」四階段論

荀子認為學習是一個由初級階段向高級階段不斷發展的過程，由低到高可以分為聞、見、知、行四個環節。荀子的學習過程理論完整而系統，比較準確地闡述了知與行的關係，具有一定的辯證法因素，而且為教學活動的開展指明了一條清晰的路徑。

聞和見，是學習的起點和基礎，是知識的來源。人的學習開始於耳、目、口、鼻等感官對外部事物的接觸。不同感官與不同種類事物相接觸，由此產生了不同的感覺，從而為進一步學習打下了必備的基礎。反之，如果沒有充分的感官體驗，「聞見之所未至，則知不能類也」。（《荀子．正名》）不過，僅僅依賴感官並不能把握事物的規律，因為感官只能反映事物的部分屬性，而且往往具有較強的主觀色彩，所以，學習者必須在聞和見的基礎上向學習的更高階段——「知」發展。

知，是思維的過程，是感性認識向理性認識提升的過程。荀子認為，「凡人之害，蔽於一曲，而暗於大理。」（《荀子．解蔽》）意思是，人們在思考問題時很容易犯一個錯誤，那就是對複雜的事物和現象缺乏全面了解，只見樹木，不見森林。這種片面之「蔽」，妨礙了人們對事物的正確認識。為此，荀子提出了「兼陳中衡」的方法，就是把事物的各個方面或各種情況都展示出來，通過比較權衡而確定適當的、中正的認識。這種思維方法有助於學習者突破自身知識、經驗的局限，不固守一端，盡可能地在全面、客觀、公正的基礎上作出解釋和判斷。此外，在「知」這一階段，學習者還要做到「虛壹而靜」，就是保持虛懷若谷、精神專注、頭腦清醒的狀態，這樣才能取得顯著的學習成效。

行，是學習的最高階段。荀子認為，「不聞不若聞之，聞之不若見之，見之不若知之，知之不若行之，學至於行之而止矣。」（《荀子・儒效》）就是說，由「知」所得來的認識還帶有某種假設的性質，不一定可靠，必須付諸於行動。只有通過「行」的驗證，所得的「知」才能稱得上「明」。循着這一思路，荀子以知、行關係為標準，將人分為四類：

口能言之，身能行之，國寶也；口不能言，身能行之，國器也；口能言之，身不能行，國用也；口言善，身行惡，國妖也。

言行一致、善言敏行者為最上等的人才；只能行或只能言者次之，但亦有各自的價值；言行不一、言善行惡者最為下等。針對這四類人，治國者應採取不同對策，「敬其寶，愛其器，任其用，除其妖」。（《荀子・大略》）

三、「學—問—思—辨—行」五階段論

先秦時期的儒家經典《中庸》，將教學過程概括為五個彼此銜接的步驟：「博學之，審問之，慎思之，明辨之，篤行之」。這五個步驟是對孔子「學、思、行」思想和荀子「聞、見、知、行」思想的繼承與發展，是對先秦儒家學習過程思想的完整表述，被後世學者引為求知為學的基本路徑，流傳久遠。

博學之，就是廣泛地學習政治、倫理、道德等多方面知識；

審問之，就是對所學的知識內容審慎地設問置疑；

慎思之，就是對審問過的內容進行分析，謹慎地思考；

明辨之，就是通過慎思而明確是非真偽，確定努力的方向；

篤行之，就是使觀念和行為統一，將明辨的結論付諸行動。

《中庸》強調，上述五個步驟是一個完整的過程，層層深入、節節反饋，只有每個步驟都得到充分實現，個人的學習才能取得切實的進步。「有弗學，學之弗能，弗措也。有弗問，問之弗知，弗措也。有弗思，思之弗得，弗措也。有弗辨，辨之弗明，弗措也。有弗行，行之弗篤，弗措也。……果能此道矣，雖愚必明，雖柔必強。」意思是說，除非不學習，學習了還沒能掌

握，一定不罷休。除非不追問，追問了還沒能理解，一定不罷休。除非不思考，思考了還不能得出結果，一定不罷休。除非不分析，分析了還不明白，一定不罷休。除非不實行，實行了還不切實，一定不罷休。如果能這樣做，即使是愚笨的人也必定會變得明智，即使是軟弱的人也必定會變得剛強。

王守仁曾說：

> 夫學、問、思、辨、行，皆所以為學，未有學而不行者也。如言學孝，則必服勞奉養，躬行孝道，然後謂之學，豈徒懸空口耳講說，而遂可以謂之學孝乎？學射則必張弓挾矢，引滿中的；學書則必伸紙執筆，操觚染翰。盡天下之學，無有不行而可以言學者，則學之始，固已即是行矣。（《王陽明全集》卷一《傳習錄》中）

教學的基本原則

在儒學創立初期，孔子主張教學應學思並重，既注重向外的「學」，又注重向內的「思」。孔子之後的儒學教育則日漸分化出了兩條不同的教學思路：其一，將「內求」作為基本原則，認為理在心中，提倡深造自得，以孟子、董仲舒、王守仁等教育家為代表；其二，將「外鑠」作為基本原則，認為學知乃之，提倡格物窮理，以荀子、王充、朱熹等教育家為代表。

一、內求說

孟子一生崇拜孔子，以「孔子之道」的捍衛者自居，但在教學活動層面，卻與孔子的思想存在一定區別。孟子相信「萬物皆備於我」（《孟子·盡心上》），既然一切事物都具備於我心之中，那麼，只要盡量發揮本心，就可以知天命了。基於此，孟子的教學思想偏重於內向，在學與思之間，他更重思維，強調理性思考的價值，「心之官則思，思則得之，不思則不得也」（《孟子·告子上》）。在孟子看來，學習是一種對內心世界的探索，教學的關鍵在於啟發學生的學習主動性，即深造自得。「深造」，就是深入學習、刻苦鑽研，這是獲得高深學術造詣不可或缺的基礎，但「自得」才是關鍵。「自得」意味着獨立思考，有自己的見解，不輕信、盲從權威經典。「自得之，則居之安；居之安，則資之深；資之深，則取之左右逢其源。」（《孟子·離婁下》）只有自覺追求學問，有獨立見解，才能形成穩固而深厚的智慧，遇事才能運用自如、左右逢源。作為教師，應當尊重學生的意願，設法激發其學習主動性，不可強制性地灌輸知識，更不可強為人師。

漢代儒學大師董仲舒認為「天」是宇宙萬物的最高主宰，天在創造人類時，也賦予人以道德。「天道」寓於人心之中，人通過內心反省，就可以體會「天意」。知識學習也是一樣的道理，必須通過個體的內省體察才能獲得。董仲舒的上述觀點與孟子「萬物皆備於我」的思想是一脈相承的，以此為基礎，他認為教學過程中應注重培養學生「內視反聽」。內視，即向內看，自覺反省自己的言行；反聽，即向外聽，能聽取別人的意見，並將聽到的意見趨向於自身。教學的任務在於培養德性，因此董仲舒將詩、書、禮、樂等儒家經典作為教學的基本內容，提出「六學皆大而各有所長」（《春秋繁露．玉杯》），但他反對學習鳥獸草木等自然知識，認為這些與仁義道德無關，只會迷惑後進。

明代教育家王守仁認為「心」是天地萬物的起源和主宰，無所不包。「心」與「理」合而為一，世界上沒有離開人的主觀認識而獨立存在的客觀規律。由於「心即理」，「心外無事，心外無理，故心外無學」（《王文成公全書．紫陽書院集序》），因此教學過程應當是「求理於吾心」的過程。人心中的天理也稱「良知」，一切事物及規律、道德規範和品質都包含於其中。人先天具有良知，良知在人的一生中不會減少或丟失，但可能會被蒙蔽。教育的作用就是「致良知」，去除昏蔽，使良知顯現。「致良知」的具體方法是「格物」。王守仁認為：「物者，事也，凡意之所發必有其事，意所在之事謂之物。格者，正也，正其不正以歸於正之謂也。」（《王文成公全書．大學問》）

可見，這裏的「格物」即「正心」，就是改正不正當的想法，去除物欲的蒙蔽，端正道德行為，從而喚起內在的天德良知。

二、外鑠說

與相信「人性善」的孟子不同，荀子認為人的本能中並不存在仁義禮智等道德品質，人性本惡。人之所以能為善，全靠後天的努力，「人之性惡，其善者偽也」（《荀子．性惡》），教育的作用就在於「化性起偽」。因此，與孟子「內求」的思路相反，荀子認為教學是一個不斷積累知識、道德的「外鑠」過程。在學與思的關係上，他更側重於「學」，強調後天學習的重要性。荀子在著名的《勸學篇》中說：「吾嘗終日而思矣，不如須臾之所學也。吾嘗跂而望矣，不如登高之博見也。登高而招，臂非加長也，而見者遠；順風而呼，聲非加疾也，而聞者彰；假輿馬者，非利足也，而至千里；假舟楫者，非能水也，而絕江河。君子生非異也，善假於物也。」登到高處才能看得廣闊，順風呼叫才能聽得清楚，借助舟船才能橫渡江河，同理，要想進學修德就必須廣泛學習已有的知識經驗，善於借助外力。

東漢教育家王充也反對「生而知之」的觀點，他說：「才有高下，知物由學，學之乃知，不問不識。」（《論衡．實知》）儘管人的先天條件存在差異，但要想認識事物就必須學習，世上不存在「不學自知，不問自曉」的聖人。王充認為教學過程應該包括「見聞為」和「開心意」兩個階段。所謂「見聞為」，就是在教學中首先要依靠耳聞、目見、口問、手為，直接接觸客觀事物。利用耳目感官感受外物是認識的最根本條件，「齊郡世刺繡，恒女無不能。襄邑俗織錦，鈍婦無不巧。日見之，日為之，手狎也」。（《論衡·程材》）一個普通婦女之所以能夠刺繡織錦，就是因為日見日為，由此才會熟能生巧。所謂「開心意」，就是要開動腦筋，進行理性思考。教學不能停留在感性認識階段，單憑耳目，獲得的只是片面的、不完整的知識，必須把感性認識加以深化提高。

南宋理學家朱熹認為教學的目的不是為了學知識、應科舉，而是為了讓學生明白做人的道理，修己治人。他說：「聖賢千言萬語，只是教人明天理，滅人欲。」（《朱子語類》卷十三）在朱熹看來，「理」是萬物產生的本原，是一種獨立於自然界之外的絕對精神。「理」充塞於宇宙，無處不在。「氣」是構成萬物的材料，人是「理與氣合」的產物。儘管「理」（知識）是人心所固有的，但人並不能直接認識心中之知，必須借助「格物」這一手段，實現「格物窮理」。格，就是窮盡；物，就是事物，是天理的體現。可見，朱熹的「格物」與王守仁的「格物」所指不同。需要注意的是，朱熹雖然重視「外求」，但區別於荀子、王充。這種外求的目的並不是要認識客觀物質世界，而是主張在萬事萬物中通過萬事萬物去領悟「天理」。

教學的具體原則與方法

中國古代教育源遠流長，歷代教育家在教育實踐中總結和提煉出大量豐富價值的教學原則和方法，如孔子的因材施教、啟發誘導，孟子的深造自得、盈科而進，荀子的解蔽救偏、兼陳中衡，韓愈的俱收並蓄、提要鉤玄等。為了簡明清晰地勾勒出這些教學原則和方法的大致面貌，此處重點介紹《學記》中的教學原則方法體系和朱熹創立的「朱子讀書法」。

一、《學記》中的教學原則與方法

《學記》是《禮記》中的一篇，成書於戰國末期，是世界上最早的教育論著。《學記》對先秦時期儒家的教育經驗和教育思想進行了全面系統的總結，其中關於教學原則、方法的論述精闢而深刻，是全篇的精華所在。

教學相長。這是對教師如何實現自我提高而提出的要求。「雖有佳餚，弗食不知其旨也；雖有至道，弗學不知其善也。是故學然後知不足，教然後知困。知不足，然後能自反也。知困，然後能自強也。故曰：教學相長也。《兌命》曰：『學學半』，其此之謂乎！」意思是說，學習過後才知道自己學識不夠，教人之後才發現自己學識不通達。知道不夠，然後才能反省，努力向學。知道有困難不通達，然後才能自我勉勵，奮發圖強。所以說，教與學是相輔相成的。《尚書．說命篇》中提到的教別人能夠收到一半學習的效果，就是這個意思。這條原則闡明了教學過程中教與學之間相互依存、相互促進的關係，「學」因「教」而日進，「教」因「學」而益深。

藏息相輔。這是對正確處理課內學習與課外活動之間關係而提出的要求。「大學之教也，時教必有正業，退息必有居學」，正業即正規課業，居學即課外練習，二者各有價值，必須相互結合，彼此促進。「不興其藝，不能樂學。故君子之於學也，藏焉修焉，息焉遊焉。夫然，故安其學而親其師，樂其友而信其道，是以雖離師輔而不反也。」意思是說，不學習各種課外技藝，就學不好正課。課外練習是正課學習的繼續和補充，既可以鞏固深化課內學習的內容，又可以使學習張弛有度、充滿樂趣。所以，善於學習的人務必做到，上課時專心努力進修，休息時盡情玩弄雜藝，這樣才能安於學習、親近師長、樂於交友、堅守信念，即使日後離開師友也不會走回頭路。

預時孫摩。這是為保障教學成功開展而提出的四項具體原則，「禁於未發之謂預；當其可之謂時；不凌節而施之謂孫；相觀而善之謂摩。此四者，教之所由興也。」預，就是預防，教師要提前預計到學生可能產生的不良傾向，採取措施預先防止。時，就是及時，要抓住學習的恰當時機，及時施教，否則「勤苦而難成」。孫，就是順序，要遵循一定的規律循序漸進，否則會使學生深感困苦卻沒有收益。摩，就是觀摩，師友之間要相互學習，取長補短；獨學無友必然導致孤陋寡聞，交友不慎則將荒廢自己的學業。

啟發誘導。孔子是世界上最早提出啟發式教學的教育家，他認為在教學過程中教師首先要設法激發學生的求知欲望，引導他們積極思考問題、努力表達自己的觀點；然後，因勢利導、適時點撥，使學生觸類旁通，舉一反三。

《學記》繼承並發揚了孔子啟發性教學的思想，提出「君子之教，喻也：道而弗牽，強而弗抑，開而弗達。道而弗牽則和，強而弗抑則易，開而弗達則思」。意思是說，教師要積極引導而不是硬牽着學生走，這樣師生關係才會和睦融洽；督促勸勉學生但不強迫和壓抑，這樣學生才會感到學習雖有壓力但卻容易達到目標；引導學生打開思路但不要提供現成答案，這樣才能養成學生獨立思考的習慣。

長善救失。這是對因材施教的一種具體化，即發揚積極因素，克服消極因素。學生在學習時容易出現四種失誤，「或失則多，或失則寡，或失則易，或失則止。此四者，心之莫同也。知其心，然後能救其失也。」多，就是學習知識過於龐雜、貪多務得；寡，就是讀書太少、知識面狹窄；易，就是學習不求甚解、浮躁自滿；止，淺嘗輒止、畏難而退。上述四種缺點在不同學生身上表現不同，產生的原因亦不同。作為教師，必須了解學生的心理差異和問題癥結，善於因勢利導，引導學生發揚優點，克服缺點，揚長補短。

善教繼志。這是對教師應採取的教學方法所提出的要求。「善歌者，使人繼其聲。善教者，使人繼其志。其言也，約而達，微而臧，罕譬而喻，可謂繼志矣。」意思是說，擅長唱歌的人，能使聽眾不約而同地跟着他唱起來。擅長教學的人，能使學生自覺地隨着他的引導來學習。這樣的人，語言簡練而道理明徹，敍述淺近而含義深遠，舉例不多卻富有啟發。這可以說是善於使學生跟隨他指引的方向努力學習了。

二、朱子讀書法

朱熹的讀書法是他長期讀書經驗以及對前人讀書經驗的概括和總結，是中國古代最有影響的一套學習方法論，朱熹認為追求「天理」是學習修養的終極目標，而「天理」的精髓都蘊涵在聖賢的書中，所以讀聖賢之書是窮理的必經之途。朱熹一生酷愛讀書，對於如何讀書有着深刻的理解和詳細的闡發。他去世後，弟子門人對其有關讀書的言論加以整理歸納，成為六條讀書法。朱子讀書法集讀書經驗之大成，內容豐富、凝煉精闢，構成了一個完整的讀書、求學、進業的方法體系，奠定了中國古代讀書法的基礎。

循序漸進。所謂循序，就是遵循教材的客觀順序和學生的能力來確定課程進度；所謂漸進，就是不貪快求速。具體來說，第一，讀書應有一定次序，「以二書言之，則通一書而後又一書。以一書言之，篇、章、文、句、首尾次第，亦各有序而不可亂也。」第二，要根據自己的實際情況和能力制定讀書計劃，並切實遵守，即「量力所至而謹守之」。第三，讀書要扎實穩健，一步一步前進，不可急於求成，「未得乎前，則不敢求乎後；未通乎此，則不敢志乎彼。」

熟讀精思。朱熹認為一些讀書人「所以記不得，說不去，心下若存若亡，皆是不精不熟之患」。所謂熟讀，就是反覆閱讀，達到爛熟於心的程度。朱熹相信，讀書如同吃果子，只有細嚼方能品出滋味，所以必須讀夠一定遍數，「使其言皆若出於吾之口」。所謂精思，就是深入鑽研，用心思索領悟書中之要義，「使其意皆若出於吾之心」。此外，熟讀與精思要相互配合，不可分割。「讀書有三到：心到、眼到、口到。心不在此，則眼看不仔細。心眼既不專一，卻只浪漫誦讀，決不能記，記亦不能久也。」

虛心涵泳。所謂虛心，指讀書時要虛懷若谷，不可先入為主、牽強附會。所謂涵泳，指讀書時要反覆咀嚼，細心玩味，「讀書之法無他，惟是篤志虛心，反覆詳玩為有功耳。」朱熹強調讀書時必須以虛心的態度去體會聖賢的用心和寓意，不能主觀臆斷或隨意發揮，尤其是不能先存己見，「若執着一見，則此心便被遮蔽了」。讀書過程中如果發現了疑問，眾說紛紜，也要靜心靜慮，切不可匆忙決定取捨。

切己體察。所謂切己體察，是指讀書時要將書中道理與自身經驗、生活結合起來，並以書中的道理去指導自己的實踐。在朱熹看來，「入道之門，是將自個己身入那道理中去，漸漸相親，與己為一」。讀書不能僅停留在書本上、口頭上，必須見之於自己的實際行動，必須身體力行。「學者讀書，須要將聖賢言語，體之於身……件件如此，方有益。」如果只是向書本求義理，不能體之於己身，即使「廣求博取，日誦五車」，也無益於學習。

着緊用力。所謂着緊，就是抓緊時間，抖擻精神，憤發圖強，反對悠悠然的學習態度。所謂用力，就是剛毅果決，毫不懈怠，堅持到底，反對鬆鬆垮垮的學習態度。朱熹把讀書形象而深刻地比喻為救火治病、撐上水船和破釜沉舟，提出讀書時應該具有如同救火治病一般的緊迫感，具有如同撐上水船一般不進則退的頑強作風，具有破釜沉舟一般勇往直前的堅強信念。要像孔子一樣，發憤忘食、樂以忘憂，那才是學者應有的精神和筋骨。

居敬持志。所謂居敬，就是精神專一，注意力集中。「敬」，指收斂此心，端正態度，誠心誠意，這是做好一切事情的基礎，讀書也不例外。基於此，朱熹主張「讀書者當將此身葬在書中，行住坐臥，念念在此」。所謂持志，就是立定志向，樹立目標並百折不撓地努力實現之。朱熹指出：「書不記，熟讀可記；義不精，細思可精。惟有志不立，真是無作力處。」只有明確自己的目標和方向，再輔之以頑強的毅力，學業才會不斷長進。

朱子讀書法是一個相互聯繫的有機整體，六個條目都反映了讀書學習的基本規律和內在要求，曾在歷史上產生過重大影響。不過，該讀書法過分誇大了「讀書窮理」的作用，將提升道德修養作為讀書的唯一目的，將儒家經典作為讀書的基本範疇，忽略書本知識與實踐知識之間的聯繫，助長了「兩耳不聞窗外事，一心只讀聖賢書」的不良學風。但瑕不掩瑜，朱子讀書法中蘊涵的豐富且引人深思的見解，值得今人虛心學習、吸納借鑒。

三、教育方法例舉

為了實現教育目標，教師在教學過程中所施用的具體方法和手段，也就是教育方法。下面分別論述幾種主要的教育方法。

問答法。在教學活動中，教師和學生之間通過提問、答問的方式和途徑，達到傳授知識、發展智能，培養德性的目的，這在教學論上被稱之為問答法。使用這種方法時，可以是教師問，學生答；亦可以是學生問，教師答。

教師問，學生答，例如《論語》集中了孔子與弟子論學的言論，其中即有許多孔子向學生發問而學生作答的記錄。通過提問，孔子了解了學生的思想狀態、學習程度，並促進了學生對問題的思考和解決。許多教育家要求掌握提問的方式和技巧。第一，教師要注意能夠提出富有啟發性的問題。提問的目的是要使沒有疑問的學生感到有疑問，然後通過思考解答，又使產生的疑問得到解決。朱熹認為：「讀書無疑者須教有疑，有疑者卻教無疑，到這裏方是長進。」（《學規類編》）。第二，教師提問時要注意由易而難、循序漸進。《學記》提出：「善問者如攻堅木，先其易者，後其節目，及其久也，相說以解。不善問者反此。」以砍伐堅硬的木頭為例，說明教師的提問應先從容易的問題入手，然後解決難點，這樣才能步步深入。其三，教師在提問時還要注意，不應該為提問而提問，而是要通過提問，促進學生積極主動的學習態度，即所謂「廣仁益智，莫善於問」（《文中子問易篇》）。

學生問教師答。荀子在談到如何解答學生的問題時提出：「故不問而告，謂之傲；問一而告二，謂之囋。傲非也，囋非也，君子如響矣。」（《荀子．勸學》）就是說，學生不提問題而去講解是不必要的，學生問一個問題而教師講解多了也是不必要的，一個好的教師只需作恰如其分的回答。《學記》也有這樣的看法：「善待問者如撞鐘，叩之以小者則小鳴，叩之以大者則大鳴，待其從容，然後盡其聲。」它以撞鐘為例說明老師回答學生的提問要有針對性。

講解法。教師以口頭敍述、解釋、說明、論證等方式向學生傳授知識的教學方法，被稱為講解法。講解法適用於集體教學，也適用於個別教學。如漢代的經師給學生講經時，官辦的太學一般採用集體教學的方式，因為太學規模較大，講堂內同時容納幾百人聽課，故而往往採取集體教學的方式，由教師給數十人乃至數百人講述經文。為了傳授更多的弟子，經師們又採用弟子次相授業制，教師只直接給高足弟子講課，再由這些高足弟子給其他弟子上課。漢代一些著名經學家如董仲舒、馬融等人都採用這種形式教學。講授法運用語言表達是十分重要的。《學記》提出：「善教者，使人繼其志，其言也，約而達，微而臧，罕譬而喻，可謂繼志矣。」教師用講述法進行教學時，關鍵是要掌握語言的分寸和意思的表達，要做到語言簡約而語義確切，道理細微而含義深遠，比喻少而意思清楚，這樣的講述才會有好的教學效果，使學生願意繼續聽老師的講解。

會講論辯法。會講論辯法是一種學術討論和傳授學業相結合的教學方法，它的特點在於：持不同觀點的學者之間，或者是教師和學生之間就某一學術上或教學中的問題，展開爭辯討論，把學術討論與學校教學活動結合起來。它和今天的課堂討論法有相似的地方，但它的討論往往是學術問題，參加人員不限於校內，因而會講論辯就更具有學術性、開放性。

早在戰國時期的稷下學宮裏，學者們就開始運用這種方法。這種教學法是通過一種「期會」的形式舉行的，漢代經學教育，由於家法和師法的區別，學校裏經常舉行經學討論會，各派經師之間互相詰難，公開辯論，求同存異，以建立一種統一的官方的經學。

宋明以後，書院成為一種重要的教育組織，在書院內部，開始形成一種會講制度。持不同觀點的學術大師聚會於書院，討論一些觀點不一的問題。會講進行時，學術大師往往帶着他們的眾多弟子一同參加，書院內外的其他士子皆可參加辯論或聽講。明以後，書院會講更加制度化，並形成了一種講會組織。會講制度的出現，是會講論辯的教學方法形成了制度化的結果，它不僅促進了書院教學活動的豐富多彩，也促進了學術的繁榮。書院的會講制度還影響了官學，明代國子監也採用了這種教學方法。據《明史．選舉制》載，當時國子學的「教之法」，除由教師講述、答疑外，「餘日升堂會饌，乃會講、復講、背書、輪課以為常」。會講成為國子學經常採用的教學方法。

這種教學法有許多好處，許多教育家都曾做過論述。孔子認為，每個人都有值得自己學習的長處，學生對各有所長的老師可以擇善而從。《學記》將這一教學法稱為「摩」，意指在學習時要相互切磋幫助。王充認為通過論辯，可以深化對道義的認識，「漢立博士官，師弟子相訶難，欲極道之深，形是非之理也。」（《論衡．明雩》）朱熹也認為會講論辯有助於彰明道義，他說：「講學以會友，則道益明；取善以輔仁，則德日進。」（《論語集注．顏淵》）

成人之道：道德教育的原則與方法

引言

如前所述，中國傳統教育的根本目的是培養從政的君子，而成為君子的首要條件是具有高尚的道德品質修養。所以，道德教育在中國傳統教育體系中居於首要地位，豐富的道德教育思想與實踐包含着具體、有效的道德教育的原則與方法，成為中國傳統教育文化的一筆豐厚遺產。

誠意立志

儒家認為，一個人想要修養自身的道德，提高自己的素養，首先要誠其意、立其志，心誠則明，立志則趨。只有在做事之前把心態放平、目標放正，才能沿着既定的路線走下去，這是修養自身的前提條件。誠意，即用心成事，「意誠而後心正，心正而後身修」（《大學》），意誠對於修養自身、提高品質有着極大的作用。荀子作為先秦百家集大成者，將「誠」看作是一種「天德」，視為君子養心行義、聖人化民治國的根本。我們都知道荀子提出過「天行有常，不為堯存，不為桀亡」（《荀子．天論》）的思想，但為什麼「天行有常」呢？我們卻知之不深。《荀子．不苟》篇作了解釋：「天不言而人推高焉，地不言而人推厚焉，四時不言而百姓期焉。夫此有常，以至其誠者也。」原來「天行有常」是通過這些事情顯示出來的：上天不說話，人們卻認為它很高遠；大地不說話，人們卻認為它很深厚；春夏秋冬四時不說話，老百姓卻都能感知節氣的變化。這些「不言」的事裏包含着它們自身的規律，即「有常」。可見，荀子認為天行之所以「有常」，在於「以至其誠者也」，即大自然之所以運行有規律，是因為它達到了真誠。真誠不僅能使天地化生萬物，還能使聖人教化萬民。在這裏，通過真誠把「天地」和「聖人」即天人合一關係展現出來。「誠」即真誠無妄，是一種極高的道德規範，天地有誠，天地達到了真誠無妄，也便體現出「天行有常」，因而聖人、君子應當從「天行有常」的這種真誠無妄的行為中體會「天德」，去修心養性，提高道德水準。

立志，即以志明向，確定人生的奮鬥目標，使自己有一個明確的努力方向。關於立志，歷史上留下了許多至理名言以及膾炙人口的故事。孔子說：「三軍可奪帥也，匹夫不可奪志也。」（《論語．子罕》）表明一個人立志的重要性。不但要有「志」，還要「志於道」，且要達到為自己的遠大理想而獻身的「樂道」的境界。孟子則從「大志向」與「小目標」的辯證關係來看：「從其大體為大人，從其小體為小人。……先立乎其大者，則其小者不能奪也。此為大人而已矣。」（《孟子．告子上》）同時，他還將「志」與「氣」結合在一起，提出「持志」「養氣」，以立志為基礎，養成大丈夫「浩然之氣」。「夫志，氣之帥也；氣，體之充也。夫志至焉，氣次焉；故曰：『持其志，無暴其氣。』」「我知言，我善養吾浩然之氣。」（《孟子．公孫丑上》）

後繼儒家學者也均認同立志的重要作用。揚雄認為沒有遠大的志向，容易半途而廢，「百川學海而至於海，丘陵學山而不至於山，是故惡夫畫也」（《法言．學行篇》）。徐幹認為，「雖有其才，而無其志，亦不能興起功也」（《中論．治學篇》）。張載認為，志向遠比天資與勤學重要，「學者不論天資美惡，亦不專在勤苦，但觀其趨向著心處如何」（《橫渠語錄》）。陸九淵認為不立大志容易隨波逐流，義利不辨，迷失方向，他認為人之大志應如星斗般高遠，「仰首攀南斗，翻身依北辰，舉頭天外望，無我這般人」（《象山全集．語錄》）。王陽明也注意到立志在個人修養中的作用，「志不立，天下無可成之事，雖百工技藝，未有不本於志者。……志不立，如無柁之舟，無銜之馬，漂蕩奔逸，終亦何所底乎」（《王陽明全集》卷二十六）。

宋理學更為注重求學做人過程中的誠意立志，「程門立雪」就是這樣一個故事。

楊時、游酢二人，原先以程顥為師，程顥去世後，他們都已四十歲，且已考上了進士，但仍然認為自己學問不夠，於是便向程顥的弟弟程頤繼續求學。相傳他們初到嵩陽書院拜見程頤的那天，正遇上程老先生閉目養神，靜坐假寐。這時候，外面開始下雪。兩人求師心切，便恭恭敬敬侍立一旁，不言不動，如此等了大半天，程頤才慢慢睜開眼睛，見楊時、游酢站在面前，吃了一驚，說道：「啊！你們兩位還在這兒沒走？」這時，門外的雪已經積了一尺多厚了，而楊時和游酢並沒有一絲疲倦和不耐煩的神情。

這個「程門立雪」的故事在後世讀書人中流傳很廣，他們紛紛以此勉勵自己要有求學的誠心與堅強的意志。

那麼，「大志」究竟要符合什麼標準呢？「立志」要能達到「知恥求榮」的目的。人之貴，在知榮辱。先秦儒家歷來重恥，「行己有恥」（《論語．子路》），「恥之於人大矣」，「人不可以無恥」（《孟子．盡心上》）。孔子認為，德治之所以有效，就在於它能夠使民知恥，從而自覺地有所不為。孟子對恥的教育也很重視，他認為羞恥心能使人自我鞭笞，激起不甘落後、奮發向上的精神，成為自強、進步的動力。「不恥不若人，何若人有？」（《孟子．盡心上》）羞恥心是一種極為重要、不可或缺的道德堤防。一旦這一堤防決口，各種惡行必將橫行於世，「無羞惡之心，非人也」（《孟子．公孫丑上》）。有無羞恥心是人與禽獸的根本區別。而對整個社會而言，如果社會成員羞恥心淡薄，社會風氣將不堪設想。所以，對於個體，應該將知恥看作是「立人之大節」「人生之第一要事」。與知恥相對，求榮也是「立志」的一種追求。在中國古代封建社會，世俗的封建統治者多以爵高位尊、封妻蔭子為榮，以等級、權勢、門第為榮，以「尊」為榮。但是，儒家之士卻認為這種「榮」是有限的，而符合「道義」的社會言行才是無限的「榮」。這種儒家所提倡的榮辱觀，一方面勸勉有爵有位者向既尊且榮的方向努力，另一方面勸勉無爵無位的底層民眾，通過對道義的追求而求得榮耀，最終調動起人們追求道義的高尚情懷，正所謂「先義而後利者榮，先利而後義者辱」（《荀子．榮辱》）。知恥而後勇的故事不勝枚舉：秦穆公三敗於晉，誓不服輸，養精蓄銳，發憤圖強，終殺敗晉軍，威震諸侯；越王勾踐被俘吳國，養馬多年，臥薪嚐膽，歷盡磨難，終橫掃吳國，成就霸業；宋岳飛不忘「靖康之恥」，率軍轉戰疆場，精忠報國，屢立戰功，名揚千古；清蒲松齡曾屢試落第，受盡嘲笑，矢志不渝，終著《聊齋》，世代留芳……知道恥辱而後改過遷善，也是一種勇敢。

實際上，儒家對「榮辱」的辨知始終指向的是如何處理眼前利益與遠大理想的關係、物質享受與人生信念的關係。孔子常常教導學生眼前利益要符合遠大理想，「無欲速，無見小利。欲速則不達，見小利則大事不成」（《論語．子路》）。有遠大理想的人，就不應該貪戀當前的物質享受，「君子謀道不謀食」，「君子憂道不憂貧」，更不能為了追求物質享樂而葬送政治前途。孔子自稱是「飯疏食飲水，曲肱而枕之，樂亦在其中矣。不義而富且貴，於我如浮雲」（《論語．述而》）。他極力讚賞顏回「一簞食，一瓢飲，在陋巷，人不堪其憂，回也不改其樂」（《論語．雍也》）。孟子也主張魚和熊掌不可兼得，要在仁義與生死間抉擇，要能夠捨生取義，「富貴不能淫，貧賤不能移，威武不能屈」的大丈夫精神是其真正的追求。荀子說：「君子不為貧窮而怠乎道。」（《荀子．修身》）墨子反對「貪飲食而惰從事」，提倡為了「興天下之利，除天下之害」而長年累月着短衣，食藿羹，這些都是儒家所追求的君子形象。

學思並重

在儒家的道德修養思想中，非常重視「學」與「思」，認為只有通過學習道德知識，才能提高自己的道德修養，在思考反省的過程中不斷深化，從而達到高尚的道德境界。學是思的前提，思是學的深化，學思並重才能產生良好的修養效果。

孔子認為，在他的周圍，沒有生而知之的所謂「上智」，包括他本人也不是生而知之者，所有人都必須通過學習，才可以獲得知識。沒有學習，就不懂得為人的規矩，不懂得善惡是非。所謂君子，應該是一個「文質彬彬」的人，天生的氣質再好，沒有後天的學習，在道德上也達不到很高的境界。他曾經述說自己的人生經驗：「吾嘗終日不食、終夜不寢以思，無益，不如學也。」（《論語．衛靈公》）論及為學的重要，孔子也說：「好仁不好學，其蔽也愚；好知不好學，其蔽也蕩；好信不好學，其蔽也賊；好直不好學，其蔽也絞；好勇不好學，其蔽也亂；好剛不好學，其蔽也狂。」（《論語．陽貨》）那麼，所謂學，主要學的是什麼？孔子所說的學主要內容，應當包括禮、樂、射、御、書、數六者，其中禮最為重要。孔子曾經教導他的兒子伯魚說：「不學禮，無以立。」（《論語．堯曰》）在孔子的時代，禮是社會制度和規範的總稱，倫理道德規範是其中最主要方面之一。強調對於倫理道德標準的學習，是符合修身的一般規律的，因為認識和了解道德標準是道德行為的第一個前提。孔子自己就很重視學習，他認為學習必須虛心務實，對問題不要任意猜測，不要專橫武斷，不要固執己見，不要自以為是，即所謂「毋意，毋必，毋固，毋我」（《論語．子罕》）。對自己要實事求是，不要不懂裝懂，「知之為知之，不知為不知」（《論語．為政》），不要「亡而為有，虛而為盈」（《論語．述而》）。他的弟子子貢說，孔子沒有固定的老師，凡是有一技之長的人，無論長幼，都可以做他的老師。正所謂：「三人行必有我師焉。擇其善者而從之，其不善者而改之。」（《論語．述而》）如此，便可取他人之所長，補自己之所短。因為個人的所見所聞，畢竟有限，取眾人之長，就能極大的豐富自己的知識。孔子說：「多聞，擇其善者而從之，多見而識之。」（《論語．述而》）這是說在向書本和別人學習間接經驗時，盡可能少一些盲從和迷信，而要有所鑒別，有所取捨。聞他人所聞，見他人所行，要以「禮」考其善惡，加以取捨。同時，孔子重學，他好問的故事，也為後世樹立了良好的學風。一次，孔子去魯國國君的祖廟參加祭祖典禮，他不時向人詢問，差不多每件事都問到了。有人在背後嘲笑他，說他不懂禮儀，什麼都要問。孔子聽到這些議論後說：「對於不懂的事，問個明白，這正是我要求知禮的表現啊。」

荀子同樣抱有「彊學而求」思想。首先，荀子認為一個人的品德和人格的鑄就和形成，是與道德個體的善於學習分不開的，尤其修養作為自我教育的特殊課堂，學習在修養中的作用更是重要。荀子說：「今人之性固無禮義，故彊學而求有之也。性不知禮義，故思慮而求知之也。」（《荀子．性惡》）「吾嘗終日而思矣，不如須臾之所學也。吾嘗跂而望矣，不如登高之博見也。登高而招，臂非加長也，而見者遠；順風而呼，聲非加疾也，而聞聲彰。假輿馬者，非利足也，而致千里；假舟揖者，非能水也，而絕江河。君子生非異也，善假於物也。」（《荀子．勸學》）君子並非天生，君子之所以成為君子，就在於善於學習。因此，為了開闊眼界，增長智慧，必須不斷地學習，「學不可以已。青，取之於藍，而青於藍」（《荀子．勸學》），只要堅持學習，必會使自己不斷進步，學習的過程也就是道德修養的過程，是德性涵養和磨練的過程。「木受繩則直，金就礪則利，君子博學而日參省乎己，則知明而行無過矣。」（《荀子．勸學》）「學」好比繩和礪，繩能使木變直，礪能使金變利，而「學」則可使人變為君子。君子在學習中常以其學以切己參驗省察，磨練自己，使自己智識日明而避免犯過失。由此可見，「彊學而求」不是指一般的學習，而是一種修身。

南北朝時期的著名學者顏之推在其所著的《顏氏家訓》中也教訓子子孫孫要好學，他認為讀書學習主要是靠個人勤奮。顏之推為勸勉後生刻苦讀書，曾列舉了大量前人勤學苦讀的事例，如握錐刺股的蘇秦，投斧掛樹的文黨，映雪讀書的孫康，抱犬而臥的朱詹等。另外，他還指出讀書學習需要有虛心的態度。當時，在玄學清談之風影響下，許多士人以承認無知為恥，以巧辯勝人為榮。顏之推非常反對這種惡劣學風。他說：「夫學者，所以求益耳，見人讀數十卷書，便自高自大，凌乎長者，輕慢同列，人疾之如仇敵，惡之如鴟鳥，如此以學自損，不如無學也。」（《顏氏家訓》）可見，他是反對學到一點東西便自高自大、目中無人這種態度的，並認為這種人只能有損於自己，莫如不學。最後，他還指出讀書學習應該珍惜時光。顏之推主張人的一生應該活到老學到老。少年時期應該抓緊時機，孜孜不倦地學習。成年以後也要學習，不能以老廢學。他說：「然人有坎，失於盛年，猶當晚學，不可自棄。」（《顏氏家訓》）意思是說，一個人如果在少年時期，因某種逆境而喪失學習的機會，那麼成年以後還需要抓緊學習，千萬不要自暴自棄。他認為，不管哪個年齡階段的人，只要抓緊學習，總會帶來一定好處的。正如他所說：「幼而學者，如日出之光；老而學者，如秉燭夜行。」（《顏氏家訓》）這說明，他深信知識能給人帶來光明。

但是，僅有「學」還不夠。古人認為，思是人體器官中心的功能。孟子說：「心之官則思。」（《孟子．告子上》）人靠耳目之官博聞博見，然而若要免於雜亂迷惘，非要心官的參與不可。

孔子說：「學而不思則罔，思而不學則殆。」（《論語．學而》）罔，即無所得；殆，即危險。只學習不思考，就如眼觀五色，耳聽八音，五光十色，使人眼花繚亂，迷失方向；只知其然，不其所以然。反過來，只一味苦思冥想而不學習，就會脫離實際，有陷入空想的危險。思必須以學為基礎。在學與思的關係上，孔子認為二者不可偏廢，否則有害而無益。學，無論學習古代典籍，學習別人的經驗，還是親身體驗，都屬於感性活動，它必須上升到理性高度，必須經過大腦的思考。「思」即思考、反省。孔子說：「君子有九思：視思明，聽思聰，色思溫，貌思恭，言思忠，事思敬，疑思問，忿思難，見得思義。」（《論語．季氏》）而孔子本身就是學思結合的典範。

史載，孔子跟師襄學彈琴，先學了一支曲，反覆練習了十幾天還不停。師襄對他說：「這支曲子你已經學會了，再學一支新的吧。」孔子答道：「還不行，我僅僅學會了彈這支曲子，還沒有把握技法啊！」於是又專心致志地練了幾天，師襄對他說：「曲子的技法你已掌握得相當準了，可以學別的曲子了。」孔子說，「我還沒有體會把握到曲子的志趣和神韻呢，還是讓我再練幾天吧。」又過了些時候，師襄對他說，你己經領會了志趣和神韻，可以學新的曲子了。孔子又認真地說：「我還沒有悟出作曲者是個什麼樣的人啊！」於是仍舊彈練。師襄在旁邊認真地聽後說：「聽你的琴聲，我好像看見有個人在嚴肅地思考，快樂地抬頭遙望而懷念着遠方。」孔子聽罷興奮地說：「我已經體察到作者的為人，黑黑的面孔，高高的身材，兩眼仰望遠方，一心想着以德服人，感化四方。除了周文王，還有誰能作出這樣曠達的曲子呢？」師襄聽了，又吃驚，又欽佩，向孔子行了個禮，高興地說道：「一點兒也不錯，我的老師傳授這支曲子時說過，此曲名叫《文王操》，你對音樂的理解太正確了！」為準確理解和把握琴曲的深邃內涵，孔子孜孜以求，堪為學思結合的典範。

慎言力行

慎言即指言語要謹慎，勿有放縱之意。中國最早的典籍《詩經》《左傳》中就有對慎言的記載。《詩經．大雅．抑》說：「白圭之玷，尚可磨也；斯言之玷，不可為也。」用白玉之瑕容易處理而言語中的錯誤難以改正來說明言語應該謹慎，應深思熟慮後說出。《左傳．昭公八年》更有「君子之言，信而有徵，故怨遠於其身」的話，強調說話要有憑據，認為信口開河是結怨招禍的根由。孔子崇尚周禮，曾專程到周王朝考察文物禮儀制度。據《說苑．敬慎》載，孔子在參觀周王祭先祖的太廟時，看到臺階右側立着一個銅人，但嘴被貼了三道封條。在這個銅人的背面，刻着一行字：「古之慎言人也。」意思是這是古代一位說話極其慎重的人。這給孔子以極大的震動和啟發，所以孔子在諄諄教誨弟子時，總是十分強調「君子訥於言而敏於行」（《論語．里仁》）並把「訥於言而謹於行」作為仁人的重要標誌，反對言過其實，更反對巧言令色取悅於人，這正是成語「三緘其口」的典故。

在一個人的道德修養過程中，僅有學和思還是遠遠不夠的，而且還要有行。言和行要保持一致，「君子恥其言而過其行」（《論語．憲問》），只說不做是可恥的，學習禮節條文和古代聖賢的言論，必須付諸行動，即對道德規範和道德觀念應親身去實踐，儒家稱此為「道德踐履」，「力行」首先是指「躬行」「篤行」，強調親身的道德實踐。孔子經常以「行」勉勵自己和學生，一個有道德的人，就要學而思，思而行，學、思、行相兼顧，三個環節密不可分，缺一不可。孔子的一生非常重視學和思，但更強調行，「行有餘力，則以學文」（《論語．學而》）。一個有道德的人，不僅思想意識要符合道德準則，而且必須把這種意識外化為具體行動。有一次，孔子的弟子向孔子請教說：「夫子，您講的仁德、忠義都是極好的。人人相愛，以仁義待人，確實是一種美德。仁德我很想得到，但活在世界上也是我的欲望。假如仁德與生命兩者發生了衝突，該怎樣處理呢？」孔子嚴肅地回答說：「這還有什麼可猶豫的呢？凡是真正的志士仁人，都不會因為貪生怕死而損害仁義，應該為了成全仁德，可以不顧自己的生命。」「殺身成仁」一詞由此出現，而古代義勇之士多殺身成仁者，如功不言祿的介之推、投身汨羅的屈原都是將仁的道德意識體現在行動上的代表。

對於「學」與「行」的結合，荀子也極為重視，甚至認為後者比前者更重要。「不聞不若聞之，聞之不若見之，見之不若知之，知之不若行之。學至於行之而止矣。行之，明也，明之為聖人。聖人也者，本仁義，當是非，齊言行，不失毫釐。」（《荀子．儒效》）為什麼聞、見、知都不若行？因為「行」是道德修養的最高階段。我們都知道，道德修養不僅要獲得道德知識，提高自己道德是非辨別能力，更為重要的是要化為行動，身體力行。如果只停留在前一階段的修養上，那麼這不能說是真正的修養。修養的最終目的是要變為行動，聖人如果不能做到道與行、知與行的完全一致，也就不能稱為聖人。如果僅滿足於學習而不去實行，那麼所獲得的道德知識，便無法經受檢驗和證明，只有把道德知識付諸實踐，才能使道德觀念更加明白清楚，從而將其「知」深化，把學習不斷引向深入。

董仲舒也有相同的看法，他說：「強勉行道，則德日起而大有功。」（《漢書．董仲舒傳》）只有努力進行道德行為修養，德性才會有較大的提高。二程提出「循理而行」，所謂「循理」，是求得並遵循「天理」，強調的是「知」，但「知」的最後落腳點在於「行」，這裏的「行」指的就是道德踐履。二程在繼承「致知」和「力行」的思想基礎上，着力強調知先行後的「知行觀」，但又認為「始於致知，智之事也；行所知而極其至，聖之事也」（《二程集．粹言》）。二程從「學為聖人，求得聖人之道」的教育目的出發，教導學生要「力學而得之，必充廣而行之。不然者，局局其守耳」（《二程集．粹言》）。二程並沒有因為持知先行後的觀點而否定「行」的價值，這是應該注意到的。

朱熹也十分重視「踐履躬行」。他在道德修養上主張窮理與篤行並重：「窮理以致其知，反躬以踐其實。」（《黃勉齋狀行語》）並進一步闡述知與行的關係：「知行常相須，如目無足不行，足無目不見。論先後，知為先；論輕重，行為重。」（《朱子語類》卷九）同時，「行」也是加深「知」的重要手段，只有通過道德的踐履，才能夠加深對道德觀念的認識，樹立明確的信仰，「方其知之，而行知之，則知尚淺。既親歷其域，則知之益明」（《性理精義》卷八）。「行」還有檢驗「知」的作用。「欲知之真不真，意之誠不誠，只看做不做，如何真個如此做底，便是知至意誠。」（《朱子語錄》卷十五）由此可見，朱熹把「知」看做「行」的前提，「行」是知的目的和檢驗標準，強調身體力行，反對言行脫節。所以，朱熹特別強調道德行為的訓練，並主張從幼小的時候就抓起。因此，他專為兒童編寫了《童蒙須知》，選擇兒童日常生活中必須遵守的道德規範、禮儀規矩、行為細節作出詳細規定。

> 夫童蒙之學，始於衣服冠履，次及言語步趨，次及灑掃涓潔，次及讀書寫文字，及有雜細事宜。皆所當知。今逐目條列，名曰童蒙須知。若其修身、治心、事親、接物、與夫窮理盡性之要，自有聖賢典訓，昭然可考。當次第曉達，茲不復詳著云。蒙養從入之門，則必自易知而易從者始。故朱子既嘗編次小學，尤擇

其切於日用、便於耳提面命者，著為童蒙須知，使其由是而循循焉。凡一物一則，一事一宜，雖至纖至悉，皆以閑其放心，養其德性，為異日進修上達之階，即此而在矣。吾願為父兄者，毋視為易知而教之不嚴。為子弟者，更毋忽以為不足知而聽之藐藐也。

王守仁則提出了「知行合一」的思想，將力行的觀念提升到更高一層，他特別強調：「又有一種人，茫茫蕩蕩懸空去思索，全不肯着實躬行，也只是個揣摸影響，所以必說一個行，方才知得真。此是古人不得已補偏救弊的說話，若見得這個意時，即一言而足。今人卻將就知行分作兩件去做，以為必先知了然後能行，我如今且去講習討論做知的工夫，待知得真了方去做行的工夫，故遂終身不行，亦遂終身不知。此不是小病痛，其來已非一日矣。某今說個知行合一，正是對病的藥。」（《王陽明全集》卷一《傳習錄》上）。王守仁的「知行合一」學說，就其內在結構而言，主要有「以知為行」和「知而必行」。「知行合一」蘊含着知與行相互包含、彼此融通、你中有我、我中有你的結合之意。

某嘗說知是行的主意，行是知的功夫；知是行之始，行是知之成。若會得時，只說一個知，已自有行在；只說一個行，已自有知在。

——《王陽明全集》卷一《傳習錄》上

王守仁認為，真知一定要表現為行的，不去實行就不能算作真知。比如知道孝順這個道理的時候，就已經對父母非常的孝順和關心；知道仁愛的時候，就已經採用仁愛的方式對待周圍的兄弟朋友。正是在這個意義上說，「稱某人知孝、某人知弟，必是其人已曾行孝行弟，方可稱他知孝知弟，不成只是曉得些孝弟的話，便可稱為知孝弟」（《王陽明全集》卷一《傳習錄》上）。

明清之際的一批反理學教育家批判了「存天理、滅人欲」的道德教條，王夫之是其中的代表人物，他在性與習、理與欲、知與行、動與靜等一系列問題上，對程朱理學和陸王心學進行了較為全面的清理。王夫之認為，道德是日生日成的，道德修養應該養成於自強不息的實踐鍛煉。他特別重視環境的影響和習慣的形成，但是，「人不幸而失教，陷入於惡習，耳所聞者非人之言，目所見者非人之事，日漸月漬於里巷村落之中」（《易》），但如能立志覺醒，經過一番脫胎換骨的教育改造，仍然可以成為新人，於是強調道德修養應立「自修之志」，同時要有「勤勉之功」。他說：「君子之道，譬如行遠必自邇，譬如登高必自卑矣。……行無有不積，登無有不漸，邇積而遠矣，卑漸而高矣，故積小者漸大也，積微者漸著也。……念念之積漸而善量以充，事事之積漸而德之成一盛。」（《禮記．中庸》）

「力行」還有一個重要內容，即「事上磨煉」。事上磨煉，也就是於艱難困苦中見精神，正確看待人生的順境與逆境，強調逆境對人生的道德價值。這方面，孟子和王陽明的思想最有代表性。孟子說：「故天將降大任於斯人也，必先苦其心志，勞其筋骨，餓其體膚，空乏其身，行拂亂其所為，所以動心忍性，曾益其所不能。」（《孟子．告子下》）王陽明的一個弟子陸澄暫住在鴻臚寺，忽而接到告兒子病危的家信，心情甚為憂悶，不堪忍受。王陽明告誡他說，此時正是用功的機會，人正要在此等時磨煉，以提升自己的境界。如果將這個機會輕易放棄，空閒時講學又有何用處呢？由此可見王陽明對「事上磨煉」的執著。

自省自克

將外在的學習轉化為內在的自我反省與自我審察，以約束和克制自己的言行，也是儒家道德教育的一種追求。《論語》記載曾子提出「吾日三省吾身」的修養方法，要人經常反省自己的思想和行為，辨察自我意識和言行中的善惡是非，嚴於自我批評，及時改正自己的過錯，此為「自省」。「自克」與「自省」相輔相成，孔子最早提出「克己」，是指嚴格要求自己，約束和克制自己的言行，使之合乎一定的道德規範，可見，自省自克是一種內與外、己與他相互映照，兩者需要相互配合以完成共同的修身原則。

「自省」是指重視積極開展主觀的思想分析活動，強調自覺地進行思想監督，使之遵循道德規範，成為內在的自覺要求，而不受外來強加的限制。孔子說：「內省不疚，夫何憂何懼？」（《論語．學而》）因此，孔子要求學生做到「求諸己」，「見賢思齊焉，見不賢而內省也」（《論語．里仁》），意思是告誡他的學生和人們，看到了符合周禮的賢人，便應想到怎樣學得和他一樣，看到了違背周禮的不賢之人，內心必須反省自己，有沒有犯同他一樣的錯誤。在孔子看來，只是學習，而沒有聯繫自身品質行為的實際反省，就會惘然而無所得，不會有自身品德的真正提高。孔子列出了九項反思的內容，要求人們從視、聽、色、貌、言、事、疑、忿、得上把握住自己，不為外物所左右。他把學習和反省看成是生活的一部分，表現了他對品德修養的艱難性有着深刻的認識。除了「內自省」之外，還要完成「內自訟」，就是當自己有了缺點和錯誤時，要勇敢地面對自我，自己與自己打官司，關鍵是要發揮自己良心的作用，對於缺點、污點不留情面，不予放過。因為「內自訟」本身是以道德標準來進行自我的批判，因此大都具有「善終」的結局，「湯禱桑林」中成湯王的言論就是代表。商朝建立不久，發生了一場連續五年的旱災，莊稼無收，白骨遍地。成湯王命史官占卜，史官占卜後說：「應以人為祭品祭天。」成湯王沉吟後說：「我是為民請雨，如果必須以人為祭祀的話，就請用我的身軀來祭天吧！」於是商湯沐浴、齋戒、剪髮斷爪，趕着素車白馬，身着大麻布衣，於桑林設了祭壇。他大聲向上天禱告說：「罪在我一人，不能懲罰萬民；萬民有罪，也都在我一人。不要以我一人的沒有才能，使天帝鬼神傷害百姓的性命。」並以六事自責說：「天不下雨是我的政事無節制，沒有法度嗎？是老百姓有疾苦，對百姓失職嗎？是官吏貪污行賄之風盛行嗎？是大修宮殿勞民傷財了嗎？是有美女干擾政事了嗎？是小人橫行，我聽信讒言了嗎？」成湯王自訟結束後，未及祭祀開始，傾盆大雨驟然而至，覆蓋數千里。

> 昔者，湯克夏而正天下，天大旱，五年不收，湯乃以身禱於桑林，用祈福於上帝，民乃甚說，雨乃大至。（《呂氏春秋．順民》）

孟子在孔子「君子求諸己」「厚於責己」的思想上，提出「反求諸己」。所謂「反求諸己」，是指對任何得不到預想效果的行為，都應當反躬自問，從自身查找原因。他說：「愛人不親，反其仁；治人不治，反其智；禮人不答，反其敬；行有不得者皆反求諸己。」（《孟子．離婁上》）就是說：我若愛人，人不親我，應該反省自己的仁心是否夠；我約束人而人不服從，應該反省自己的智慮是否周到；我以禮待人而人不答禮，應該反省自己的敬心是否夠；凡是行為得不到預期的結果，都應反省自己，進行自我檢討。不但要「反求諸己」，而且有過失還要真正改正。一個人堅持缺點錯誤，即使美如西施，行人也會掩鼻而過的。要「聞過則喜」，「見善思遷」，自覺學習別人的長處，這樣就能使自己的道德修養日臻完美。

荀子同樣特別強調「參驗反省」，認為「聖人」之所以成為「聖人」，不是因為「聖人」能說會道，而是以禮嚴格要求自己的結果。他說：「見善，修然必以自存也；見不善，揪然必以自省也；善在身，介然必以自好也；不善在身，菑然必以自惡也。故非我而當者，吾師也；是我而當者，吾友也；諂諛我者，吾賊也。故君子隆師而親友，以致惡其賊。好善無厭，受諫而能戒，雖欲無進，得乎哉？」（《荀子．修身》）有了自我的道德反省意識，就會認識到什麼是善，什麼是惡。好善而能行，受諫而能戒，省過而能改，即使自己不想在道德上取得進步，也是辦不到的了。夏朝時候，一個背叛的諸侯有扈氏率兵入侵，夏禹派他的兒子伯啟抵抗，結果伯啟被打敗了。他的部下很不服氣，要求繼續進攻，但是伯啟說：「不必了，我的兵比他多，地也比他大，卻被他打敗了，這一定是我的德行不如他，帶兵方法不如他的緣故。從今天起，我一定要努力改正過來才是。」從此以後，伯啟每天很早便起床工作，粗茶淡飯，照顧百姓，任用有才幹的人，尊敬有品德的人，並在每晚休息前反思自己一天做了多少善事，又做了哪些錯事，並將這些記錄下來。過了一年，有扈氏知道了，不但不敢再來侵犯，反而自動投降了。遇到失敗或挫折，假如能像伯啟這樣，肯虛心地檢討自己，馬上改正有缺失的地方，那麼也會獲得最終的成功。

董仲舒提出「以仁安人，以義正我」的原則來規範人們的行為。他說：「仁之法在愛人不在愛我；義之法在正我不在正人。我不自正，雖能正人，弗予為義；人不被其愛，雖厚自愛，不予為仁。」（《春秋繁露．仁義法》）他指出仁和義是用於不同對象的道德規範，「仁」是用於待人的，「義」是用來律己的，要求人們嚴於律己，寬以待人。董仲舒把人我關係提到一個新的高度，這是應該肯定的。董仲舒說：「故君子怒則反中而自說以和，喜則反中而收之以正，憂則反中而舒之以意，懼則反中而實之以情。失中和之不可不反如此，故君子道至。」（《春秋繁露．循天之道》）張載認為，人的道德形態是由「氣」的變化而形成的，當人養成「浩然之氣」時，也就形成了高尚的道德，而養氣、集義主要是通過不斷地克己從禮而實現的。他提出，不「克己」，就不能「集義」，不「從禮」也就無法改變「氣質」。他要求人們在道德修養過程中在「克己」上狠下功夫。他說：「人須一事事消了病，則常勝，故要克己。克己，下學也。下學上達相培養，蓋不行則成何德行哉！」（《經池理窟．學大原下》）張載還認為禮是天理之自然，「克己」的目的在於使每個人的言行舉止合符「禮」，成為「成身」又「成性」的「聖賢」。

陸九淵提出「切己自反」的修養方法。他認為要做到「切己自反」，就要做到「存養」。他把人之本心比作一所內藏無數財物的大廈，說它「棟宇宏麗，寢廟堂室，廄庫禁庚，百爾器用，莫不具備，甚安且廣」（《陸九淵集．與胡達材》）。人們只要保全、守護好它，就足夠受用了。他認為要做到「存養」的具體方法有：一是以「寡欲」去「吾心之害」。他認為本心放失，主要是物欲引起的，要做到「存心」，就必須「去欲」。二是從「日用處開端」，也就是把存養本心貫穿於日常生活的各個方面。三是解脫「邪說」的迷惑。他既強調「存養」，又強調「剝落」，但很顯然把「存養」放在高於「剝落」的位置。

王守仁提出「省察克治，防於未萌之先」的方法。他在《傳習錄》中談到：「省察克治之功，則無時而可間，如去盜賊，須有個掃除廓清之意。無事時，將好色、好貨、好名等私，逐一追究搜尋出來，定要拔去病根，永不復起，方始為快。常如貓之捕鼠，一眼看着，一耳聽着，才有一念萌動，即與克去，斬釘截鐵，不可姑容與他方便，不可窩藏，不可放他出路，方是真實用功，方能掃除廓清。」王守仁用比喻的手法，形象生動地描述了省察克治的緊迫性、重要性和主動性。省察克治的實質其實就是主體意志的反省，強調道德意志修養中的去惡、止惡的主動性和自覺性。他說：「省察是有事時存養，存養是無事時省察。」（《王陽明全集．卷一．示學者帖》）「或患思慮紛雜，不能強禁絕。陽明子曰：紛雜思慮，亦強禁絕不得，只就思慮萌動處省察克治，到天理精明後，有個物各付物的意思，自然靜專，無紛雜之念。《大學》所謂『知止而後有定』也。」（《王陽明全集．卷二十六．與滁陽諸生書並問答語》）因此，要從根源上杜絕這種紛雜，「發動處有不善，就將這不善的念頭克倒了，須要徹根徹底，不使那一念不善潛伏在胸中」，這種「一念萌動，即與克去」的方法十分值得我們借鑒學習。

改過遷善

在社會生活中，任何人都難免發生違反道德規範的過失，關鍵是如何處理和改正過失。孔子提倡「改過遷善」。具體如何做呢？

一、聞過則喜

聞過則喜，顧名思義就是面對別人的批評依然保持一種良好的心態，虛心接受。這體現着一種博大的胸懷和良好的個人修養，成為中華民族傳統文化的精髓。

《論語．述而》中有一段話，記錄了孔子是如何對待別人批評的。陳司敗問孔子魯昭公是否知禮，孔子說：「知禮。」孔子走後，陳司敗便對孔子的學生巫馬期說，我聽說君子的為人是公正而無所偏袒的，難道孔子有所偏袒嗎？魯君從吳國娶了位夫人，違反了同姓不婚的規矩，怎麼能說魯君懂得禮節呢？巫馬期便把這話轉告孔子。孔子聽了以後，說：「丘有幸，苟有過，人必知之。」（《論語．述而》）他承認自己也犯過錯誤，但並不想掩蓋，並認為有過錯能被別人了解是自己的幸運。人犯錯誤是一時的，能正視錯誤，公開改正，會受到大家的尊敬。在三千弟子中，孔子最喜歡的學生是顏回，不僅因為他好學不倦，始終努力實踐孔子的理想，還因為他有「不遷怒，不貳過」的修養。「不遷怒」意為不把自己的怒氣發到別人頭上；「不貳過」是指不重複犯錯誤。人難免要犯錯誤，但決不能重複犯錯誤。

《孟子．公孫丑章句上》也有一段話記錄了孟子以「子路、禹和舜」為例，教育學生勇於接受批評。戰國時期，孟子對他的弟子們談到勇於接受批評的問題時，舉出歷史上三個善於接受別人意見的人，即子路、禹和舜。子路是孔子的弟子之一，他為人誠實，剛直好勇，別人指出他的缺點時，他不僅虛心接受，而且十分高興，真正做到了「聞過則喜」。孟子曰：「子路，人告之以有過，則喜。禹聞善言，則拜。大舜有大焉，善與人同，舍己從人，樂取於人以為善。自耕稼、陶、漁以至為帝，無非取於人者。取諸人以為善，是與人為善者也，故君於莫大乎與人為善。」孟子認為，道德教育的實質旨在幫助人們改正缺點，積極促進自身不斷完善。一個人如何做到改過遷善，「知恥」是前提和基礎，知恥，才能重現一個人善良的本性，即所謂「人不可以無恥，無恥之恥，無恥矣。」在孟子看來，「知恥」，既是一個人道德責任的體現，也是具有道德判斷力的表現。只有「知恥」，才能喚醒一個人自我道德意識，並不斷昇華為自身的道德責任，進而才能進行自我教育。知恥是前提，通過改過進而實現遷善才是最終目的。因此，孟子鼓勵人們改過自新，極力提倡「聞過則善」，主張「樂取於人為善」，即虛心學習別人的長處，以人之長補己之短。

二、見過自訟

「見過自訟」的意思是，犯了錯誤，要通過自我反省找出錯誤根源，以便改正錯誤，就是自我批評。孔子認為，內省自訟是改正錯誤的前提條件，因為不經過自我內心的思想鬥爭，不可能認識錯誤的原因，也產生不了改過的決心。所以，他要求不要文過飾非心存僥倖。因為人的行為是客觀存在的，是、非、善、惡涇渭分明，子貢將人的過失比喻為日食、月食，人人可見，無法掩蓋。子貢曰：「君子之過也，如日月之食焉：過也，人皆見之；更也，人皆仰之。」（《論語・子張》）只有認真改正才會得到別人的諒解和信任。那麼怎樣對待別人的批評幫助呢？

孔子有一段名言：「法語之言，能無從乎？改之為貴。巽與之言，能無說乎？繹之為貴。說而不繹，從而不改，吾未如之何也已矣。」（《論語．子罕》）對待對合乎法則的正確意見，一定要聽從，而且要改正；對婉轉勸導的話，不僅是樂意聽，更重要的是要思考分析，找出差距。孔子還提出「過則勿憚改」（《論語．學而》），鼓勵學生勇於改正錯誤。但有人不能正確對待自己的過錯，有了錯誤文過飾非，不能認識，也不肯改正，他指出：「過而不改，是為過矣。」（《論語．衛靈公》）朱熹注：「過而能改，則復於無過，唯不改，則其過遂成，而將不及改矣。」有過不改，才真正成為過錯。「見過自訟」不僅是道德修養的方法，也是應具備的品德。

三、知過必改

孔子說：「過，則勿憚改。」（《論語．學而》）又說：「不善不能改，是吾憂也。」（《論語．述而》）他提倡有過就改，並說：「過而改之，是不過也。」反之，「過而不改，是謂過矣」。（《論語．衛靈公》）對待別人的錯誤，孔子主張既往不咎，應該諒解，有「無攻人之惡」的寬容態度。

明代學者王守仁也提出「貴於改過」的思想。他說：「夫過者自大賢所不免，然不害其卒為大賢者，為其能改也。固不貴於無過而貴於能改過。」（《王陽明全集》卷二十六）所以，要能改過，首先必須對過錯有一個正確認識，表示悔悟，但悔悟並不就是改過。所以，他又說：「悔悟是去病之藥，然以改之為貴，若滯留於中，則又因藥發病。」（《傳習錄上》）認為有了過錯知道悔悟是好的，這就猶如找到了去病的藥，但如果只知道吃藥，而藥性不能發散，不但舊的病痛治不好，還會添新病。講到改正過錯的方法，知道錯了，就應對症下藥，癥結自然化解。

中國文化的精神

君子之學

養成聖賢的教育傳統

閆廣芬 著

出版
中華書局（香港）有限公司
香港北角英皇道四九九號北角工業大廈一樓B
電話：（852）2137 2338
傳真：（852）2713 8202
電子郵件：info@chunghwabook.com.hk
網址：http://www.chunghwabook.com.hk

發行
香港聯合書刊物流有限公司
香港新界大埔汀麗路三十六號
中華商務印刷大廈三字樓
電話：（852）2150 2100
傳真：（852）2407 3062
電子郵件：info@suplogistics.com.hk

責任編輯 黎耀強
裝幀設計 高　林
排　　版 沈崇熙
印　　務 林佳年

印刷
美雅印刷製本有限公司
香港觀塘榮業街六號海濱工業大廈四樓A室

版次
2017年10月初版

規格
32開（210mm×140mm）

ISBN
978-988-8488-70-4

中國文化二十四品

中國文化
二十四品